Local
Legal
Review

华南理工大学广东地方法制研究中心◎主办

地方法制评论

第5卷

葛洪义◎主编
冯向辉◎执行主编
李旭东　朱志昊◎副主编

华南理工大学出版社
SOUTH CHINA UNIVERSITY OF TECHNOLOGY PRESS
·广州·

图书在版编目（CIP）数据

地方法制评论. 第5卷 / 葛洪义主编. —广州：华南理工大学出版社，2019.12

ISBN 978－7－5623－6199－2

Ⅰ. ①地…　Ⅱ. ①葛…　Ⅲ. ①地方法规－中国－文集　Ⅳ. ①D927－53

中国版本图书馆CIP数据核字（2019）第271532号

地方法制评论（第5卷）

葛洪义　主编

出 版 人：卢家明

出版发行：华南理工大学出版社

（广州五山华南理工大学17号楼，邮编510640）

http://www.scutpress.com.cn　　E-mail：scutc13@scut.edu.cn

营销部电话：020－87113487　87111048（传真）

策划编辑：王　磊

责任编辑：付爱萍

印 刷 者：广州市人杰彩印厂

开　　本：787mm×960mm　1/16　**印张：**12.5　**字数：**216千

版　　次：2019年12月第1版　2019年12月第1次印刷

定　　价：48.00元

目　录

名家论坛

003　决定地方法治水平高低的三个因素 / 郝铁川

022　论地方法治建设的激励机制 / 黄文艺

030　技术赋权下的智慧治理 / 马长山

理论研讨

041　新时代地方法治文化的建设路向 / 蔡宝刚

053　法院与检察院工作协调机制初探
——以江苏地区为例 / 谢冬慧

063　论地方法治政府建设中行政法院的功能定位与制度建构 / 程琥

081　城市化进程中南京江北新区矛盾纠纷化解研究 / 王亚明

大湾区法治

109　粤港澳大湾区立法协作研究 / 滕宏庆　赵静

123　国家战略视阈下的长三角区域法治一体化研究 / 彭辉　刘慧

141　关于深化粤港澳大湾区法律服务合作的若干思考 / 陈克宇　张济科

154　东京湾区治理的双重构造与独立合作机制
——对粤港澳大湾区治理的启示 / 谢郁
173　论粤港澳大湾区治理中专门性地区组织的构建
——基于旧金山湾区地区组织的发展经验
/ 韩永红　唐乐韵

会议述评

187　地方法制研究的三重语境、两个层次和可能未来 / 魏敦友

名家论坛

决定地方法治水平高低的三个因素

郝铁川

【内容摘要】本文依据中国政法大学法治政府研究院多年来的《法治政府蓝皮书：中国法治政府评估报告（2018）》、有关地方中等收入群体的数据和习近平同志在地方工作期间推进法治的具体史料，提出在我国决定一个地方法治水平的因素主要有三项。一是中等收入群体数量的大小。数量越大，法治水平越高；反之越低。二是地方主要领导是否重视法治。领导重视法治，地方的法治水平就容易高；反之就容易低。三是非公有制经济是否发达。非公有制经济足够发达，就会和公有制经济互为依存、补充、制约，共同推进法治水平；反之，如果非公有制经济不能发达到一定水平，法治水平则不容易提高。

【关键词】地方法治　中等收入群体　领导重视　非公有制经济

中国法学界不少人士都重视地域法治现代化的研究，偏重理论阐述的是公丕祥教授[①]，偏重实务研究的是中国政法大学法治政府研究院[②]。他们对地域法治水平的参差不齐都给予高度关注，但有所不足的是，他们对决定地域法治水平的一些法外因素尚未研究。因此，笔者不揣浅陋，提出如下三点拙见，以求方家指正。

一、中等收入群体（或中产阶级）是地方法治水平的基础

中产阶级（在我国被称为中等收入群体）是优质民主法治的基础，学界

---

① 公丕祥：《空间关系：区域法治发展的方式变项》，载《法律科学》2018年第6期；《以区域法治发展推动当代中国法治改革》，《新华日报》2018年10月30日。

② 自2013年中国政法大学法治政府研究院启动法治政府评估项目以来，每年公布一份《中国法治政府评估报告》。

向来对此没有什么异议。它之所以成为基础有三方面原因。第一，中等收入群体是社会稳定的基础，而社会稳定是法治的前提条件，西方法谚曰“枪炮作响法无声”，中国人说“乱世英雄起四方，有枪便是草头王”，笔者数年前就提出“乱世无法治”的观点。为什么说中等收入群体是社会稳定基础？因为任何社会穷人和富人总会有对立，容易冲突、对抗，但如果在穷人和富人之间存在一个人数占多数的中产阶级，就会缓和他们的对抗，中产阶级是一个“拉架者”，拉力大于对抗力，贫富矛盾就不易被激化。第二，中等收入群体是社会普遍讲诚信的基础。从法院“执行难”对象名单中可以发现，构成“执行难”对象的主要是两部分人：一是“执行不能”的穷人，他们未必不想讲诚信，但没有财产去履行法院判决的给付义务；二是少数富人，他们有能力履行法院判决的给付义务，但却为富不仁，是真正的“老赖”。在法院的“执行难”名单里却较少看到中产人士，这是因为他们职业稳定、收入稳定、文化水平较高，是最愿意讲诚信并且也有能力讲诚信的阶层。而一个社会是否普遍讲诚信直接关涉法治的成败，因为法律关系实际上就是契约关系，公法是公民与国家之间的契约关系，私法是人与人之间的契约关系，诚信是维系契约的心理基础，若无诚信，契约、法律则荡然无存。第三，中产阶级是制约公权的重要理性力量。穷人容易希望公权多推行民粹主义，富人容易希望公权多搞点照顾资本的资本主义，中产阶级则更希望公权在社会成员中尽可能地实行均衡政策。李光耀曾经说过，民主选举一人一票不是实质公正，中年人实行一人两票、年轻人和老年人实行一人一票才是实质公正。因为中年人上有老、下有小，思考问题最理性，而年轻人往往是“一个人吃饱，全家不饿”的赤条条的来去无牵无挂者，老年人则容易感到来日不多，一切都无所谓了。李光耀的这些说法，其实也是说明中产阶级较理性的理据。

正因为中产阶级和法治如胶似漆，所以，古有亚里士多德说过“共和政体，以中产阶级为基础”，今有郑永年再说“没有中产阶级，民主、法治免谈”。当下中国地域间法治水平的高低差异，又一次印证了这一颠扑不破的道理。

根据中国政法大学法治政府研究院《法治政府蓝皮书：中国法治政府评估报告（2018）》（以下简称《报告（2018）》）披露，在总分1000分的前提下，100个被评估城市的平均得分为654.34分，得分率为65.43%。排名前十的城市依次为：深圳、青岛、广州、苏州、杭州、上海、北京、南京、宁波和成都。此次法治政府评估中，不及格（即得分低于600分）的城市有20个，分别是兰州、邵阳、福州、鞍山、呼和浩特、本溪、唐山、南阳、揭阳、商丘、沧州、包头、宜春、玉林、太原、乌鲁木齐、大同、绥化、拉萨、喀什。法治政府水平程度区域不平衡的现象客观存在，从东中西部城市得分率的平均值看，东部高于中西部的情况仍然比较明显。

另据《法治政府蓝皮书：中国法治政府评估报告（2017）》（以下简称《报告（2017）》）透露，在2014—2017年的评估中，排名始终在前二十名的城市有10个，分别是北京、上海、广州、深圳、杭州、南京、合肥、厦门、长沙、成都。这些城市法治政府建设的制度体系相对完备，政府决策相对规范，法律实施效果较好，行政复议和行政诉讼运行良好，在法治政府建设方面具有典范意义。在2014—2017年的评估中，排名始终在后二十名的城市有6个，分别是拉萨、喀什、绥化、商丘、新乡、曲靖。《报告（2017）》显示，当前城市群间法治政府建设状况差异明显，珠三角、长三角城市群得分相对较高。随着经济社会的发展，以城市群为标志的区域划分更为突出。《报告（2017）》还显示，当前我国城市群间法治政府建设状况差异明显，在哈长、京津冀、长三角、珠三角、长江中游、中原、成渝七个国家级城市群或经济区中，无论是最高分、最低分还是平均分，珠三角区域和长三角区域的综合表现最为优异，说明珠三角和长三角城市群法治政府建设的整体水平略高于其他城市群。哈长城市群和中原城市群的最高分、最低分以及平均分普遍低于其他城市群，尤其是哈长城市群的平均分最低，说明其法治政府建设水平相对落后。成渝城市群、京津冀城市群和长江中游城市群的最高分、最低分和平均分相对接近，说明其在七个城市群中处于居中水平。

上述我国地区法治水平参差不齐，恰与这些地区间的中等收入群体规模的差异相一致。即凡是经济发展水平高、中等收入群体较多的地方，恰巧就是法治水平高的地方；而经济发展水平低、中等收入群体较少的地方，也是法治水平较低的地方。根据杨修娜、万海远和李实在《我国中等收入群体比重及其特征》一文中透露，约55%的中等收入群体居住在东部地区①。各省份中等收入群体的规模与各省份的经济发展水平和城市化水平有一定的关系。人均生产总值越高的省份、人均可支配收入越高的省份、城镇人口所占

① 杨修娜、万海远、李实：《我国中等收入群体比重及其特征》，载《北京工商大学学报（社会科学版）》2018年第6期。

比重越高的省份，中等收入群体所占比重也越高。东部地区中等收入群体占54.4%，中部地区为23.3%，西部地区为22.3%。

甘肃省人均生产总值超过20 000元（小于等于25 000元），中等收入群体所占人口比重约为0.1%；云南省人均生产总值超过20 000元（小于等于25 000元），中等收入群体所占人口比重约为0.16%；安徽省人均生产总值逾30 000元（小于等于35 000元），中等收入群体所占人口比重约为0.12%；重庆市人均生产总值约为35 000元，中等收入群体所占人口比重约为0.14%；山西省人均生产总值约为42 000元，中等收入群体所占人口比重约为0.18%；湖南省人均生产总值约为42 000元，中等收入群体所占人口比重约为0.14%；四川省人均生产总值逾30 000元（小于等于35 000），中等收入群体所占人口比重约为0.1%；河南省人均生产总值约为35 000元，中等收入群体所占人口比重约为0.11%；山东省人均生产总值约55 000元，中等收入群体所占人口比重约为0.18%；辽宁省人均生产总值逾60 000元，中等收入群体所占人口比重约为0.14%；广东省人均生产总值接近60 000元，中等收入群体所占人口比重约为0.22%；江苏省人均生产总值约为75 000元，中等收入群体所占人口比重约为0.31%；北京市的人均生产总值约为95 000元，中等收入群体所占人口比重约为0.5%①。

梳理中国各城市公布的2018年经济数据，并以2017年末各城市常住人口为基准，结果有15个城市人均生产总值超过2万美元。这15个城市分别为深圳、东营、鄂尔多斯、无锡、苏州、珠海、广州、南京、常州、杭州、北京、长沙、武汉、上海、宁波，总人口超1.45亿。同时，天津、佛山、青岛等城市的人均生产总值也接近2万美元的门槛。而一般来说，人均生产总值超过2万美元以上的城市，中产阶级规模也相对较大。

另据张海东《培育并扩大中等收入群体》一文的研究，北京、上海和广州是我国城市中中等收入群体人数最多的三个城市，按照客观标准界定的中等收入群体比重都超过40%，其中北京最高，中等收入群体人口的比例约为55.4%；上海次之，比例约为51.0%；广州最低，比例约为42.5%②。我国位列法治政府水平前十名的北京、上海、广州、深圳、杭州、南京、合肥、

---

① 中等收入群体的量化标准：以国家统计局公布的全国或当地城镇居民统计调查折算的劳动者平均收入水平为下限，以高于平均收入2.5倍为上限，其个人全部收入比较稳定处于此区间且家庭住房问题已基本解决并另有一定数量金融资产。

② 张海东：《培育并扩大中等收入群体》，载《中国社会科学报》2016年8月10日。

厦门、长沙、成都中，除成都之外其余都是人均生产总值超过 2 万美元、中等收入群体规模较大的城市。法治政府水平排名始终在后二十名的 6 个城市（拉萨、喀什、绥化、商丘、新乡、曲靖）中，几乎都是经济发展水平不够高、中等收入群体较少的地区。

二、领导重视与否直接关系到地方法治水平的高低

《报告（2018）》指出，法治政府的组织领导、依法行政的制度体现、行政执法这三项指标得分较低，短板“扯后腿”现象明显。特别是法治政府的组织领导测评，从 2014—2018 年各项一级指标的得分率来看，法治政府的组织领导得分率基本处于不及格状态。根据《报告（2018）》调查，网络检索数据显示，在市委常委全体会议讨论研究法治政府建设或依法行政议题情况的考核中，被评估的 100 个城市中仅有 7 个城市是满分，17 个城市获高分，大多数城市仍处于中低水平。《报告（2018）》分析指出，只有极个别城市召开专门会议就此议题进行了讨论研究，而将法治政府建设或依法行政结合其他工作进行讨论研究是大多数城市的普遍做法，这样的做法让法治政府工作的开展比较分散。这反映出党委对法治政府建设的领导还有待进一步深化，需要投入更多的精力来解决法治政府建设的各类问题。

《报告（2018）》还披露，绝大多数的城市都能够通过在政府常务会议前进行法律讲座等方式组织领导干部进行法律学习，但是法律学习活动方式还比较单一，大多数是就某部法律以讲座形式的单方传授，领导干部的参与度不够，而且学习法律的系统性也不足。因此《报告（2018）》建议，领导干部学法活动应该安排得更加精细化和系统化。例如，可以结合新《中华人民共和国行政诉讼法》确定的行政首长出庭应诉制度，由参与过行政诉讼工作的领导干部讲述心得体会；还可以结合日常管理中遇到的典型案例，由不同领导从各自分管工作的角度来讨论法律执行中的主要问题；等等。

以上内容充分表明，领导是否重视法治直接影响到一个地方法治水平的高低。这是当前影响一个地方法治水平高低的重要因素。习近平同志在地方工作了 25 年，是从基层一级一级成长起来的领导人。他一路走来，到处都充满了他重视法治的印迹。

习近平总书记的依法治国思想早在其主政河北省正定县的时候就已经初

步显现。在一份公开的习近平同志担任正定县委书记时的工作纲领中，法制教育就已经被写入其中："加强法制宣传教育，搞好综合治理。家庭、学校和社会密切配合，在全县形成一个强有力的宣传教育网，切实搞好对青少年特别是有劣迹青少年的管理教育工作，增强人民的法制和道德观念，人人争做遵纪守法的模范。"他还提出，从全国来看，农村法制建设特别要针对非法宗教活动、封建宗族势力、黑恶势力加以防范，露头就打。习近平同志在1984年5月10日正定县八届人大一次会议的党员代表会议上，要求党员代表认真听取不同意见，切不可盛气凌人，更不能动辄就打"棍子"，扣"帽子"。

在福建宁德担任地委书记时，习近平同志经常带着律师"下访"。习近平同志将民众的上访转变为领导干部"下访"，主动深入到基层，为民众解决问题、化解矛盾，而且是带着律师当场办公。在宁德，他还强调民主的问题要在法制的轨道上加以解决，坚决反对绝对化的"大民主"。

2007年5月，《之江新语》一书出版，其文章皆来自习近平同志在主政浙江时为《浙江日报》撰写的"之江新语"专栏，有8篇文章与法治紧密相联：①

第一篇《坚持科学维权观》（2005年9月26日），提出了发展要讲科学，维权也要讲科学的科学维权观。"坚持科学维权，关键是要做到以人为本、依法办事、统筹协调……要牢固树立依法执政、依法行政和依法办事的法治理念，把维权工作纳入法治化的轨道。"

第二篇《建法治安村》（2006年4月28日），提出了相对于传统农村治理的"礼治秩序"要建立一种"法治秩序"。建设新农村要坚持德治与法治并举，建立一种符合农村经济社会发展要求的"法治秩序"。

第三篇《法治：新形势的新要求》（2006年5月10日），根据发展阶段的特征提出了法治建设的"新要求"：社会主义民主政治和公民参与的发展对落实依法治国提出新要求；改革深化和利益关系的调整对法律和制度提出新要求；人们思想活动的独立性、选择性、多变性、差异性的增强对树立社会主义法治理念等提出新要求。归根结底，对科学执政、民主执政和依法执政提出新要求。

第四篇《市场经济必然是法治经济》（2006年5月12日），提出市场经

---

① 《人民日报》评论部：《从浙江到北京 习近平如何说"法"》，2014年10月22日访问。

济要健康发展离不开法治上的保障。文章用了三个“如果不……就不能……”来强调法治对市场经济秩序的保障和规范作用，涉及企业能否真正成为市场竞争主体、市场信息、公平竞争、失信者受惩戒、守信者受保护等方面。

第五篇《和谐社会本质上是法治社会》（2006 年 5 月 15 日），提出秩序良好的和谐社会是法治社会。“法治通过调节社会各种利益关系来维护和实现公平正义，法治为人们之间的诚信友爱创造良好的社会环境，法治为激发社会活力创造条件，法治为维护社会安定有序提供保障，法治为人与自然的和谐提供制度支持。”

第六篇《弘扬法治精神，形成法治风尚》（2006 年 5 月 17 日），提出“使法必行之法就是法治精神”。“人们没有法治精神、社会没有法治风尚，法治只能是无本之木、无根之花、无源之水。……法治也并不体现于普通民众对法律条文有多么透彻的了解，而在于努力把法治精神、法治意识、法治观念熔铸到人们的头脑之中，体现于人们的日常行为之中。这包括培养人们的理性精神、诚信守法的精神、依法维权和依法解决纠纷的习惯，等等。”

第七篇《坚持法治与德治并举》（2006 年 5 月 19 日），认为法治与德治是车之两轮、鸟之两翼。“法律与道德，历来是建立公序良俗、和谐稳定社会的两个保障。……依法治国是维护社会秩序的刚性手段，以德治国是维护社会秩序的柔性手段，只有把两者有机地结合起来，才能有效地维护社会的和谐，保障社会健康协调地发展。”

第八篇《党的领导是法治的根本保证》（2006 年 5 月 22 日），认为要在党的领导下建设社会主义法治。“法治建设绝不是削弱党的领导，而是要从理念上更好地强化党的意识、执政意识、政权意识，从制度上、法律上保证党的执政地位，通过改善党的领导来更有效地坚持党的领导、加强党的领导，通过完善党的执政方式来更有效地提高党的执政能力、保持党的先进性。”

党的十八大以前习近平同志关于法治建设的系列论述，特别是他建设“法治浙江”的众多做法和思想具有重要价值，其中不少内容在建设“法治中国”以及“全面推进依法治国”的相关论述中都得以充分体现：[①]

第一，注重法治在国家治理和社会治理中的重要作用。

---

① 王东京：《从建设“法治浙江”到建设“法治中国”》，载《学习时报》2015 年 4 月 13 日。

习近平同志曾就建设“法治浙江”指出，通过推进城乡发展、区域发展、经济社会、人与自然、对外开放等方面的法治建设，可以规范社会主体行为，引导各方面统筹发展；通过推进经济、政治、文化、社会生活等方面的法治建设，可以使各项建设都有法可依、有章可循，引导各方面协调发展。特别是发展社会主义市场经济，更需要完善法治。只有把社会生活的基本方面纳入法治调整范围，经济、政治、文化和谐发展与社会全面进步才有切实保障，整个社会才能成为一个和谐的社会。可以说，社会主义和谐社会的“六大特征”都具有法治的属性，都在一定程度上表现为法律关系。

第二，坚持党的领导、人民当家做主、依法治国三者有机统一。

在关于建设“法治浙江”问题上，习近平同志强调，在实践中坚持依法治国、执法为民、公平正义、服务大局、党的领导，更好地体现党的领导、人民当家做主和依法治国的有机统一。他指出：依法治国是社会主义法治的核心内容；执法为民是社会主义法治的本质要求；公平正义是社会主义和谐社会一个基本特征，也是社会主义法治的价值追求；服务大局是社会主义法治的重要使命；党的领导是社会主义法治的根本保证。他特别指出，要旗帜鲜明地反对那种假借民主、假借法治来否定党的领导的错误倾向。特别要防止一些别有用心的人，打着依法治国的幌子否定党对政法工作的领导，打着司法改革的旗号否定社会制度，利用个别案件诋毁政法机关和政法队伍形象，企图在政法意识形态领域制造混乱和影响，以实现其政治图谋。

第三，依法治国首先要从严治党。

在依法执政问题上，习近平同志在浙江工作时就指出依法治国是关于国家的治国方略，依法执政是关于执政党的执政方略，依法执政是依法治国基本方面在党执政问题上的具体体现，要把依法执政作为党执政的一个基本方式。我们党依法执政，就是要把党的执政活动纳入法治轨道，依法掌权、依法用权并依法接受监督，在法治轨道上推动各项工作的开展，在治国理政的实践中贯彻党的执政宗旨。党员和干部特别是领导干部要成为遵守宪法和法律的模范。

第四，立法工作要坚持党的领导，以提高立法质量为中心。

习近平担任浙江省委书记、省人大常委会主任时，对人大工作、立法工作进行了系统思考和实践。他指出，坚持党的领导、人民当家做主和依法治国有机统一，必须在制度上作出安排和设计，人大制度正是这一有效载体。他还提出了做好人大工作需要处理和把握好的五个关系：一是坚持党的领导与发挥人大作用的关系，二是加快发展与法制保障的关系，三是依法办事与开拓创新的关系，四是监督与支持的关系，五是人大与人民群众的关系。习近平同志对立法工作进行了全面思考，就加强地方立法工作提出了许多在今天看来仍然具有重要指导意义的论述和要求。一是坚持党对立法工作的领导。他指出，“党委要高度重视法制建设，进一步改进和加强对立法工作的领导，适时提出立法建议，及时研究立法工作中重大问题。……这是立法工作的一个政治原则，也是做好立法工作的根本保证。”二是坚持立法为民。他指出，“要坚决摒弃立法就是管理老百姓的错误观念，坚决克服和防止部门利益法制化的倾向，牢固树立立法要维护人民根本利益、体现人民共同意志的思想，真正把社会主义法律大厦建立在人民权利的基础之上。”三是发挥人大在立法中的主导作用。他指出，“要从偏重政府部门力量、‘闭门’立法向注重发挥人大主导作用、‘开门’立法转变，保障人民群众通过多种途径参与立法活动。”四是坚持法制统一，突出地方特色，增强可操作性。他指出，“地方立法，作为国家法律和行政法规的重要补充，必须坚持法制统一，坚持以宪法和国家法律、法规为依据，不与宪法和国家法律、法规相抵触。”“地方特色是地方立法的生命力所在。必须紧密结合我省经济社会发展的实际，充分发挥其补充、先行、创制的作用，体现地方特色，提高针对性、可操作性，防止照抄照转，‘大而全’‘小而全’。”五是立法要与改革发展相适应。他指出，“立法要为发展服务，要坚持立法决策与改革、发展、稳定的重大决策相结合。”“对不适应改革开放和现代化建设的地方性法规或规章，要及时按照法定程序，该修改的修改，该废止的废止，需要重新制定的重新制定，需要作出法律解释的及时作出解释，使我们的地方立法与时俱进，体现时代要求，避免落后于改革发展的实践。”六是不断提高立法质量。他指出，“围绕提高立法质量这一目标，总结经验、改进方式、完善机制，进一步拓宽法规草案起草渠道，提高立法的科学性、民主性和公开性。”习近平总书记十多年前在浙江的这些重要论述和要求，体现了他长期以来对人大制度、人大工作和依法治国、治国理政等重大问题的深刻思考，具有丰富的思想内涵和鲜明的实践特色，与党的十八大以来习近平总书记关于坚持和完善人民代表大会制度、全面依法治国的新理念新思想新战略具有连贯性和一致性，构成了一个有机的整体。

第五，依法行政、全面建设法治政府是法治的关键所在。

在建设“法治浙江”过程中，习近平同志要求把依法行政落实到政府工作各个环节、各个方面，努力建设法治政府。他要求各级党委特别是领导干部都要适应新形势，从根本上转变不适应依法治国、依法治省要求的思维方式、领导方法和工作习惯，自觉遵守宪法和法律，严格按照宪法和法律办事。

第六，努力让人民群众在每一个司法案件当中感受到公平正义。

在建设“法治浙江”的工作部署中，习近平同志提出要以保证司法公正为目标，树立公平正义和保护人权的司法理念，坚持法律面前人人平等，确立依法办案、无罪推定的司法原则，做到实体公正与程序公正并重。要支持法院、检察院秉公执法，依法独立行使职权，广大法官要清正廉洁，秉公办案，敢做人民的“包青天”。

第七，推进全社会树立法治意识。

在浙江工作时，习近平同志提出，在着力点上要突出培养公民的法治精神。他深刻指出，法治精神是法治的灵魂。使法必行之法就是法治精神。法治也并不体现于普通民众对法律条文有多么深透的了解，而在于努力把法治精神、法治意识、法治观念熔铸到人们的头脑之中，体现于人们的日常行为之中。这包括培养人们的理性精神、诚信守法的精神、尊重法律权威的精神、权利与义务对称的精神、依法维权和依法解决纠纷的习惯，等等。

要做到依法信访、维护法治的严肃性。习近平同志指出，我们党代表的是人民的利益，我们的政府是人民的政府，应该让老百姓有一个说话的地方，有一个诉求的地方。如果老百姓有了意见、有了要求、有了冤屈，诉告无门，连个说话的地方都没有，就根本谈不上人民当家做主，根本谈不上代表人民的利益。他要求基层干部要把好信访第一道岗，领导干部要积极下访，并指出，变群众上访为领导下访，不是信访工作的唯一形式，也不是越俎代庖，取代基层工作，而是一种思想观念的转变，一种工作思路的创新，一种行之有效的机制，一种发扬民主、体察民情、联系群众的重要渠道。

习近平同志还强调，现在群众上访也要做到依法信访。上访群众多，尤其是上访中的涉法案件多，很多就是因为群众不知道应该去打“官司”，怎样去打“官司”，或者经济条件所限打不起“官司”，这就需要党和政府履行为群众提供法律援助的重要职责，确保让每一位群众遇到矛盾之时先去调解，调解不成也愿意打“官司”，懂得打“官司”，打得起“官司”，信得了打“官司”的最终结果。对许多涉法的问题，应该引导群众到调解组织去调解，或者到司法机关去诉讼，而不应都到党委、政府来上访。司法机构终审以后，也要维护法治的严肃性，特别是法律程序的严肃性，不宜产生终审难终、申诉不断的“马拉松官司”。

第八，推进法治建设要干在实处，注重实效。

习近平同志强调要在国家统一的法制模式框架下，根据已经具备的条件和能够创造的条件，主动把做得到的事情积极做好、做出实效。要围绕维护人民群众根本利益，把解决人民群众最关心的问题，作为推进“法治浙江”建设的切入点，使“法治浙江”建设一开始就惠及群众，让群众感受到实际效果。

可见，习近平同志上述法治理念不仅对他工作过的地方产生了重要的影响，同时也对他后来担任中共中央总书记之后，全面推进依法治国提供了丰富的实践经验。

反之，如果一个地方的主要领导法治素质较差，必定会影响到一个地方政府和社会的法治水平。一些地方的塌方式腐败就是典型事例。塌方式腐败是指一定时期内一定范围地区内出现的系统性腐败问题，即常说的“一窝黑”“一班蛀”等案件现象，是当代腐败的重要形式之一。2013 至 2014 年，山西政界发生“矿难”，2011 年产生的 13 位常委已有 7 人调任或下马，省委书记袁纯清、组织部部长汤涛调任。金道铭、令政策、杜善学，分属山西省委、政协、政府“三套班子”，他们的落马可谓“一窝腐败”。根据山西省纪委、监察厅发布的数据，2013 年，该省共处分违纪党员干部 11 879 人，其中地厅级干部 26 人、县处级 336 人。2015 年 3 月 11 日，时任中共中央纪律检查委员会书记的王岐山，参加十二届全国人大三次会议山西代表团的审议时指出，山西发生系统性、塌方式腐败案件，教训十分深刻，这个代价不能白付。

辽宁拉票贿选案也是塌方式腐败典型事例。在 2011 年辽宁省委常委会换届选举和 2013 年辽宁省两会换届辽宁省全国人大代表选举、第十二届辽宁省人大常委会副主任选举中，发生了拉票贿选等非组织活动涉嫌破坏选举犯罪等系列案件。2016 年 9 月 17 日，辽宁省第十二届人民代表大会第七次会议筹备组发布公告称，辽宁省第十二届人民代表大会第一次会议选举全国人大代表过程中，有 45 名当选的全国人大代表拉票贿选，有 523 名辽宁省人大代表涉及此案。时任辽宁省委书记的王珉严重违反政治纪律和政治规矩，身为省委书记没有履行管党治党政治责任，未按照中央要求履行换届工作第一责任人的职责，对辽宁省有关选举发生拉票贿选问题负有主要领导责任和直接责任。依据《中国共产党纪律处分条例》等有关规定，经中央纪委常委会议研究并报中共中央政治局会议审议，决定给予王珉开除党籍、开除公职处分；收缴其违纪所得；将其涉嫌犯罪问题、线索及所涉款物移送司法机关依法处理。据《中国经济周刊》记者统计，2016 年（截至 11 月 22 日），中央纪委监察部网站公布的辽宁省“落马”中管及省管干部（省管干部通常是指在地方任职的厅局级干部）达到 16 名。这一数字在同期全国 31 个省（自治区、直辖市）中排名第二。2016 年 9 月 20 日，辽宁省在沈阳召开警示教育大会。会议认真总结、深刻反思辽宁拉票贿选案的沉痛教训，对全省深入开展警示教育进行全面安排部署。时任辽宁省委书记李希在讲话中指出，辽宁拉票贿选案是新中国成立以来查处的第一起发生在省级层面、严重违反党纪国法、严重违反政治纪律和政治规矩、严重违反组织纪律和换届纪律、严重破坏人大选举制度的重大案件，是对我国人民代表大会制度的挑战，是对社会主义民主政治的挑战，是对国家法律和党的纪律的挑战，触碰了中国特色社会主义制度底线和中国共产党执政底线。特别是王珉、苏宏章、王阳、郑玉焯等人的所作所为，严重丧失党性原则，完全背离党的宗旨，给党和人民事业造成巨大损失，严重影响了辽宁的政治生态和对外形象。案件性质严重、触目惊心，令人警醒、发人深思，对辽宁政治生态和从政环境的严重破坏不可低估，对辽宁经济社会发展和干部队伍建设造成的危害不可低估，对全省广大干部群众心理上的冲击和伤害不可低估。

因此，一个地方的主要领导的法治素质对一个地方的法治建设所起的作用是极其重要的。

三、非公有制经济是否发达是影响一个地方法治水平的重要因素

历史已经表明，自然经济、计划经济等都不全是法治经济，只有市场经济才是法治经济。因为自然经济是自给自足，后果自负，不需要法治调整；计划经济是单一公有制基础上的审批经济，由上级命令决定资源配置，奉行“长官意志”，也不全需要法治调整；而市场经济是多元利益主体间的交易活动，交易的主体、客体、规则、纠纷的解决等都需要法治来调整。笔者认为，市场经济之所以是法治经济，关键是所有制多元化、利益主体多元化。它犹如踢足球一样，要有利益不一致的、合格的双方球队，要有中立公正的

裁判员，要有明确的竞赛行为、互不伤害对方身体生命的规则，如此才能踢好一场足球。因此，我国《宪法》第十一条明确规定“在法律规定范围内的个体经济、私营经济等非公有制经济，是社会主义市场经济的重要组成部分”。

改革开放以来，我国民营经济从小到大、从弱到强，不断发展壮大。2019 年 9 月 20 日，工业和信息化部部长苗圩在国新办新闻发布会上透露，截至 2018 年底，我国民营企业数量超过 3 000 万家，个体工商户超过 7 000 万户。概括起来说，民营经济具有“五六七八九”的特征，即贡献了 50% 以上的税收，60% 以上的国内生产总值，70% 以上的技术创新成果，80% 以上的城镇劳动就业，90% 以上的企业数量。在世界 500 强企业中，我国民营企业由 2010 年的 1 家增加到 2018 年的 28 家。我国民营经济已经成为推动我国发展不可或缺的力量，成为创业就业的主要领域、技术创新的重要主体、国家税收的重要来源，为我国社会主义市场经济发展、政府职能转变、农村富余劳动力转移、国际市场开拓等发挥了重要作用。

民营经济是推动法治的重要力量。第一，非公有制经济人士强烈要求约束公权力。对公权力机关的某些人的“吃、拿、卡、要”作派深恶痛绝，极容易拿起法律武器捍卫自己的权益。因此，非公有制企业家是制约公权力、推动并维护法治的重要力量。第二，非公有制经济人士强烈要求平等自由地交易。所有制和产权的多元，必然要求交易的平等，不能强买强卖。由于公有制的强大，非公有制经济人士就会更加强调“国民待遇”、物权平等保护。习近平同志在全国民营企业家座谈会上强调：“党的十八大以来，我多次重申坚持基本经济制度，坚持‘两个毫不动摇’。党的十八届三中全会提出，公有制经济和非公有制经济都是社会主义市场经济的重要组成部分，都是我国经济社会发展的重要基础；公有制经济财产权不可侵犯，非公有制经济财产权同样不可侵犯；国家保护各种所有制经济产权和合法利益，坚持权利平等、机会平等、规则平等，废除对非公有制经济各种形式的不合理规定，消除各种隐性壁垒，激发非公有制经济活力和创造力。党的十八届四中全会提出要‘健全以公平为核心原则的产权保护制度，加强对各种所有制经济组织和自然人财产权的保护，清理有违公平的法律法规条款’。党的十八届五中全会强调要‘鼓励民营企业依法进入更多领域，引入非国有资本参与国有企业改革，更好激发非公有制经济活力和创造力’。党的十九大把‘两个毫不动摇’写入新时代坚持和发展中国特色社会主义的基本方略，作为党和国家一项大政方针进一步确定下来。”第三，非公有制经济人士强烈要求民主参与国家事务、社会事务的管理与协商。政治是经济的集中表现，非公有制经济人士有了经济地位，必然在政治上有所诉求，在行使公民的知情权、参与权、表达权、监督权等方面表现出较大的热情，为中国特色社会主义民主事业的发展提供了重要动力。

笔者发现，自2014至2017年的评估中，法治政府水平排名始终在前二十名的北京、上海、广州、深圳、杭州、南京、合肥、厦门、长沙、成都等，大都是非公有制经济发达的地区。而排名在后20名的兰州、邵阳、福州、鞍山、呼和浩特、本溪、唐山、南阳、揭阳、商丘、沧州、包头、宜春、玉林、太原、乌鲁木齐、大同、绥化、拉萨、喀什等，大都是非公有制经济欠发达的地区。

众所周知，改革开放以来浙江的非公有制经济是较大的，与之相应的是，其基层民主法治水平发展得也是比较快的，依法约束公权，特别是依法行政方面取得的成效也是比较突出的。①

1. 在基层民主法治建设方面，浙江是领先的

基层民主政治建设方面，1988年开始，浙江在台州椒江区和绍兴市开展了党代会常任制试点，产生了良好的社会反响。

1996年2月，在中央提出依法治国方针后，浙江省委九届七次全会作出“依法治省”的决策。为扩大基层民主，这一时期浙江不断创新民主形式，涌现了村级民主听证会、乡镇民情夜谈会、村民议事会等多种做法。

为推进基层民主，浙江基础完善党委会议事和决策机制，在全省的建制村、非公有制企业和国有企业、社区全面推行党内民主恳谈制度。

为加强村民自治，全省普遍实行了明确决策事项、公开征求意见、民主恳谈（听证）、村民（代表）会议决定的决策程序。2008年，浙江省委、省政府积极稳妥地推广建立村务监督委员会，实现了村务监督由事后监督向事前、事中、事后全程监督转变。2009年，全省30 032个行政村全部建立了村务监督委员会。

为了扩大基层社会民主参与的力度，2013年1月，杭州市余杭区在仓前街道试行“街道民主协商议事会议制度”，这一制度弥补了街道一级协商民

---

① 中共浙江省委党史和文献研究室：《中国改革开放全景录·浙江卷》，浙江人民出版社2019年版，第129－166页。

主制度的空白，有效保障了党员群众的知情权、参与权、表达权和监督权。2014 年，温岭市率先在横峰街道推出选民议政会，议政会是代议制民主和协商民主有机结合的新平台，是对基层民主政治机制的又一次创新和探索。在提升农村基层治理水平过程中，各地也积极探索行之有效的方式方法。例如，2014 年年初，宁海县梳理出台了村级组织和村干部权力清单 36 条，基本实现了村级组织和村干部行使村务权力内容的全覆盖，推进了村务工作的阳光操作，促进了农村基层廉政建设。这样的农村“权力清单”在浙江全省得到推广。

全省各地继续建立健全社区民情恳谈会、事务协调会、工作听证会和成效评议会等“四会”制度，完善社区居务公开制度。如杭州、宁波、嘉兴等地均组织开展了社区民主恳谈、民主听证、民主评议等活动，扩大居民公共参与。2012 年年底，杭州市出台《关于加强城市社区居务监督委员会建设的实施意见》，下城模式在全市推广。宁波市积极构建基层民主的多元共治，为发挥基层群众在社区事务管理中的主体作用，2012 年建立了和谐社区动态管理机制，社区工作好不好，居民群众说了算；2013 年，首次建立了社区评议部门工作制度，评议结果纳入各部门政风行风督察和年度目标管理考核之内。这些举措有效发挥了基层群众在社区事务管理中的主体作用。

2. 在依法行政方面浙江创造了不少减少行政审批、约束行政行为的新鲜经验

从 20 世纪 80 年代初开始，在浙江省委、省政府和各级党委、政府的支持下，浙江个体私营经济每年以 50% 以上的速度发展。在浙江所有制结构的变革中，农村股份合作制的产生和发展是浙江农民的大创造。1982 年 6 月温岭工商局率先突破禁区，给牧屿工艺美术品厂等 4 家企业核发了“联户企业”营业执照，成为浙江乃至全国农村股份合作制企业的发端。

随着市场经济的发展，市场主体自主性的权利要求与政府“管制性体制安排”的逻辑矛盾日益突出，改革行政管理体制就成了经济及社会生活发展的逻辑必然。浙江省政府敏锐地觉察到了市场经济的内在要求，1999 年 10 月，在前阶段试点基础上，全面推进省级政府部门审批制度改革，并要求有条件的市（地）根据实际情况积极开展这项工作。2000 年 3 月，省级政府部门第一轮行政审批制度改革初步完成，共取消、合并、下放审批项目 1645 项，削减幅度为 50.6%。改革后，省级政府部门的审批、审核及核准项目共有 1606 项。客观而论，第一轮改革的力度和效果不可谓不大，但审批、审

核及核准项目仍远未达到市场经济所要求的最低限度。在此背景下，2002 年 1 月，浙江省政府开始省级政府部门第二轮行政审批制度改革，改革于当年 10 月结束，50 个政府部门（含具有行政审批项目的非政府部门）共取消、下放和调整审批项目 843 项，削减幅度为 52.5%，审批时限提速率为 27.8%，圆满完成了浙江省政府提出的审批制度改革的目标。

2003 年，浙江省省级第三轮行政审批制度改革正式启动，着重清理调整行政市批项目，最大限度取消不符合法定权限设定的市批项目。与此同时，全省 11 个地级市均已完成第二轮审批制度改革工作，多数县（县级市）启动了第三轮审批制度改革。此次改革在审批制度和审批方式创新方面主要体现为：一是推进投资体制改革，试行民间投资项目登记制，以项目登记制取代项目立项审批制；二是进行市场准入制度改革，在全省试行企业登记前置审批告知承诺制；三是改革审批方式，推进全省网上审批系统建设。2006 年，浙江进一步推动审批制度改革，在全国率先出台“两集中、两到位”改革的指导意见，重点推进部门内部审批职能向行政审批处（科）室集中、行政审批处（科）室向行政审批服务中心集中，保障进驻行政审批服务中心的审批事项到位、审批权限到位。2009—2012 年，浙江各地大力创新审批方式，探索出了并联审批、网上审批、模拟审批等多种审批方式。

党的十八大以来，为构建更加有为、有效的现代政府治理体系，浙江行政审批制度改革的力度进一步加大。2013 年，围绕简政放权、放管结合，省政府率先启动以“审批事项最少、办事效率最高、投资环境最优”为目标的第四轮审批制度改革，以政府的自我限权激发市场的无限活力。

为做好行政许可的取消和下放工作、提高政府办事效率和改善投资环境，浙江省第十三次党代会以后，省政府全面清理行政许可项目，2013 年，全省行政许可项目由原来的 1617 项减少至 998 项，削减幅度为 38.26%。2014 年，省政府下发《关于严格控制新设行政许可的通知》，严格把好新设行政许可事项和变相设立行政审批的关口，全省行政许可项目减少至 574 项；组织开展非行政许可审批事项的清理工作，全面取消本省设定的省级非行政许可审批事项，省本级不再保留这一权力类别。2015 年 9 月，省政府要求在全省范围内实现市县基本同权，减少一个审批层级。截至 2016 年，浙江省、市、县级执行的行政许可事项减少至 888 项，其中省级实际执行事项减少到 283 项；省级和 11 个设区市全面完成非行政许可审批事项清理，全省不再保留非行政许可审批事项权力类别。《全省行政许可事项目录（2015

年)》明确，不入目录的一律不得再行审批。

为进一步深化行政审批制度改革，2013年，浙江省政府在绍兴市柯桥区开展企业投资项目高效审批试点，144个项目完成审批的时间由345天缩短至100天；在义乌市开展企业（贸易）主体注册登记快速审批试点，个体工商户和内资企业设立审批由27天和23天均缩短至3天。2014年11月，省政府出台《关于推广柯桥试点经验 加快建立企业投资项目高效审批服务机制的指导意见》，绍兴市柯桥区企业投资项目高效审批试点经验向全省复制推广。

为进一步加快转变政府职能，浙江优化机构配套改革，构建新型政商关系。2016年7月7日，浙江第一个行政审批局——天台县行政审批局成立，31枚代表行政审批权力的印章合而为一。2016年6月16日，经省委、省政府同意，绍兴市柯桥区相对集中行政许可权试点方案获批，同年8月8日柯桥区行政审批局挂牌成立。相对集中行政许可权试点，是2016年省委、省政府重点突破的改革项目之一、浙江省也被列为全国8个试点省（市）之一。

推进商事制度改革对释放市场活力、促进企业创新成长意义重大。2014年7月，浙江在全国率先开始全面实行“五证合一照一码”登记制度。9月，发出首批“一照一码”营业执照。2017年2月，为进一步解决进出口企业在商事登记过程中办证多、跑腿多的问题，全省首张“十一证合一”营业执照在台州行政服务中心颁发。推进“放管服”改革，进一步增强了经济发展的内生动力，激发了市场活力。至2017年年底，全省在册市场主体达到593.4万户，境内外上市公司达到507家，浙江成为最具发展活力的省份之一。

按照使市场在资源配置中起决定性作用和更好发挥政府作用的要求，2013年11月，浙江启动以权力清单为基础的“三张清单一张网”建设。2014年3月，富阳在该市政务网上率先晒出权力清单，成为国内第一个详细公开权力清单的县级政府。2014年6月，省级部门权力清单与企业投资项目负面清单、财政专项资金管理清单在浙江政务服务网公布，市、县（县级市、区）政府权力清单也于10月公布。2014年7月，浙江在全国率先部署责任清单工作，逐步形成“四张清单一张网”（政府权力清单、企业投资项目负面清单、财政专项资金管理清单、责任清单，浙江政务服务网）的总抓手。这标志着浙江政府自身改革进入了一个以权力清单制度为突破口、推进政府治理现代化的新阶段。

以大数据分析推动政府自身改革，用互联网技术倒逼政府接受社会监督、提高效能、改进服务是浙江政务服务网的作用。2014 年 6 月，集行政审批、政务公开和便民服务于一体的浙江政务服务网开通，各级政府 9000 项在线服务纳入政务服务网，42 个省级部门 475 个审批事项全部实行一站式网上审批。8 月，浙江政务服务网移动客户端正式开通。2015 年 6 月 25 日，省政务服务网全面进驻支付宝、微信等互联网支付平台，在全国首创统一公共服务平台。通过“一张网”建设，浙江在全国率先实现了省市县行政审批“一站式”网上办理与电子监察，率先建设了全省统一的公共支付平台；同时，浙江在全国各省区率先推出了政府数据统一开放平台，“互联网 + 政务服务”应用效益逐步显现。

浙江以“四张清单一张网”为抓手的行政审批制度改革取得了积极成效，浙江的实践也得到上级部门的认可，2015 年 8 月底，国家审计署发出公告，要求在全国复制推广浙江“四张清单一张网”的做法。

为进一步提升政府办事效率、改善发展环境，2016 年 12 月召开的浙江省委经济工作会议提出“最多跑一次”的理念，对政府部门的服务提出了更高更严更实的要求。2017 年 2 月，省政府出台《加快推进“最多跑一次”改革实施方案》提出，到 2017 年年底，基本实现群众和企业到政府办事“最多跑一次、跑多次是例外”的要求。

截至 2017 年年底，省级“最多跑一次”事项达到 665 项，设区市本级平均达到 755 项，县（县级市、区）平均达到 656 项，全省“最多跑一次”实现率达到 87.9%。按照“最多跑一次”改革的要求，行政审批制度改革继续深化，《浙江省行政许可事项目录（2017 年）》制定下发，省级行政许可事项从 2016 年的 516 项减少到 459 项；全省共清理不符合改革要求的地方性法规 57 件、规章 78 件、规范性文件 5748 件。

笔者认为，如果没有服务非公有制经济，进而促进经济发展的压力，浙江在简化行政审批、积极推进依法行政方面大概不会走在全国的前列，不会有那么多的创新。浙江非公有制经济的比重已超过 80%，每 18 个浙江人中就有 1 个是民营企业老板。温州更是因民营企业而著称，60 多万温州人在世界 131 个国家和地区创业，185 万温州人在全国各地创业，200 多万农业劳动力向城镇和第二、第三产业转移，340 万外来人员在温州就业，全市民营经济占比高达 98%，被誉为“中国创业第一城”。在非公有制经济如此发达的情况下，浙江各级政府将持续简化行政审批，严格依法行政，提供良好的公共服务。

综上所述，在我国，决定一个地方法治水平的因素主要有三项。一是中等收入群体数量的大小。数量越大，法治水平越高；反之越低。二是地方主要领导是否重视法治。领导重视法治，地方的法治水平就容易高；反之就容易低。三是非公有制经济是否发达。非公有制经济足够发达，就会和公有制经济互为依存、补充、制约，共同推进法治水平；反之，如果非公有制经济不能发达到一定水平，法治水平则不容易提高。

（郝铁川，上海市文史馆馆长、教授）

论地方法治建设的激励机制

黄文艺

【内容摘要】地方法治竞争是多种因素共同作用的产物，而非单一因素所导致。地方法治建设的激励机制可以分为三类，即市场机制、政治机制和舆论机制。这三种机制实际上代表了约束地方法治建设的三种力量，即经济力量、政治力量和社会力量。它们分别发挥着不同的作用。

【关键词】地方法治　激励机制　市场机制　政治机制　舆论机制

近年来，尽管学者们对地方法治的概念证成、角色定位、评估指标等问题充满争议，但地方层面的法治建设已成为法学界理论关注度和成果产出量快速增长的领域，这个曾经被边缘化的领域正在走向法学研究的前台。地方法治论者观察到中国法治发展的一个重要动向是，地方政府在法治建设上的重视程度和资源投入力度不断提升，千帆竞发、百舸争流的地方法治竞争格局正在形成。有的学者试图运用“晋升锦标赛”等理论来解释地方法治竞争的成因①。笔者认为，地方法治竞争是多种因素共同作用的产物，而非单一因素所导致。基于这一基本判断，本文把地方法治建设的激励机制分为三类，即市场机制、政治机制和舆论机制。这三种机制实际上代表了约束地方法治建设的三种力量，即经济力量、政治力量和社会力量。在此基础上，笔者对这三类机制的构成原理和作用机理作简要分析，以期推进对地方法治建设问题的理论研究。

一、市场机制

正如地方法治竞争论者所普遍观察到的那样，推动地方经济增长是地方

① 万江：《中国的地方法治建设竞争》，载《中外法学》2013 年第 4 期。

政府及其官员加强地方法治建设的重要动力机制。其实，如果做更进一步的追问，市场经济体制才是更深层的决定性因素。正是因为在市场经济体制而非传统的计划经济体制下，经济主体能够自由选择投资创业的地方，拥有所谓“用脚来投票”的权利，地方政府才会有积极性考量法治建设与经济发展的关系，致力于通过改善法治环境来招才引资。可以说，市场是一只引导地方法治建设的无形之手，市场经济是一种对地方法治建设实施经济奖惩的重要机制。

市场经济是法治经济，早已构成政界、学界和社会各界的普遍共识。一个地方的产权保护、公平竞争、行政效率、社会治安等法治建设情况，同该地的劳动力、土地、自然资源等经济要素一样，已成为市场主体选择投资创业地点的重要考量因素。在所有社会主体中，市场主体是同地方政府部门接触最广泛、联系最密切的主体，往往对地方法治建设状况最知情、最敏感。因此，一个地方是不是讲法治、重公平、守诚信，营商环境好不好，市场主体最有发言权和投票权。市场机制对地方法治建设的奖惩就是通过市场主体的自由选择而实现。当一个地方因法治环境改善而成为市场主体投资创业的“热土”“洼地”时，这个地方实际上就受到了市场机制的奖励。相反，当一个地方因法治环境不佳而导致缺乏经济吸引力，甚至引发人才和资本外逃时，这个地方实际上就受到了市场机制的制裁。

改革开放以来，市场主体对法治建设水平表现出的越来越强的关注度、敏感性，让地方政府官员深刻地认识到法治建设与经济增长的正相关、强相关关系。如今，法治是发展的核心竞争力①，法治是最好的营商环境，法治是最大的投资环境，法治环境是最好的软环境等认识②，已成为地方政府空前一致的共识。近年来，从媒体的报道来看，各地通过领导讲话、出台文件等方式纷纷表示，要深入推进科学立法、严格执法、公正司法、全民守法，为地方经济社会发展创造良好法治环境。广东省提出，要把广东建设成为全国最安全稳定、最公平公正、法治环境最好的地区之一③。上海市提出，积

① 陈月飞:《法治江苏在前行——让法治成江苏发展核心竞争力》，载《新华日报》2017 年 9 月 16 日第 1 版。

② 辽宁省人民政府网:《法治环境是最好的软环境——省政府法制办负责人就〈辽宁省优化营商环境条例〉有关热点问题答记者问》，http://www. nl. gov. cn/zfxx/jrln/wzxw/201612/t20161209_2593156html。

③ 徐林、岳宗:《广东省委政法工作会议在广州召开　李希出席会议》，载《南方日报》2019 年 2 月 16 日第 1 版。

极营造安全的政治环境、稳定的社会环境、公正的法治环境、优质的服务环境，为上海改革发展和社会和谐稳定提供坚强保障①。

在解释各地为何会从地方经济增长角度重视地方法治建设的原因时，一些地方法治论者往往引证经济学家提出的“晋升锦标赛”模型。该模型显示，地方官员任期内的经济增长业绩同职务晋升具有正相关关系，因而晋升锦标赛是地方官员努力推进地方经济发展的强激励机制②。循此模型，地方法治论者认为，无论是从法治建设与经济增长的关系来考量，还是从法治建设本身作为一种独立的政绩考核指标来考量，地方官员都有足够的激励开展地方法治竞争。这一模型如此有影响力，以至于反对地方法治竞争的法律学者，也不得不从批判这一模型开始③。政绩与晋升问题都属于本文第二部分所讨论的政治激励范畴。其实，抛开经济增长与职务晋升的关系不论，地方官员也有足够的动力通过优化法治环境提升本地经济发展水平。这是因为经济发展在一个地方各项事业发展中居于基础性地位。一个地方持续的高质量经济增长，不仅可以带来地方财政收入、居民就业、个人收入等经济绩效的提升，也能够推动解决各类民生问题、社会问题。

二、政治机制

政治机制主要是指中央政府为调动地方政府法治建设的能动性和创造性而推出的一系列政治制度及政治程序。如果说市场机制是一只看不见的无形之手，那么说政治机制则是一只看得见的有形之手。特别是在我国，中央政府对地方政府具有较强的领导权和控制权，能够有效实施更多的激励措施。这一政治事实的合法性基础，既来源于宪法法律，又来源于党内法规。《宪法》第3条第3款规定，中央和地方机构职权的划分，遵循在中央的统一领导下，充分发挥地方的主动性、积极性的原则。基于这一原则，宪法分别规定了各类中央国家机构对地方国家机构的领导权或监督权。其中，国务院对地方各级人民政府、国家监察委员会对地方各级监察委员会、最高人民检察

---

① 谈燕：《李强在市政法工作会议上强调营造安全政治环境、稳定社会环境、公正法治环境、优质服务环境》，载《解放日报》2019年2月14日第1版。

② 周黎安：《中国地方官员的晋升锦标赛模式研究》，载《经济研究》2007年第7期。

③ 李晟：《地方法治竞争的可能性：关于晋升锦标赛理论的经验反思与法理学分析》，载《中外法学》2014年第5期。

院对地方各级人民检察院和专门人民检察院是一种领导关系①，最高国家权力机关对地方国家权力机关、最高人民法院对地方各级人民法院和专门人民法院是一种监督关系②。当然，值得强调的是，我国中央对地方的影响力更主要的是通过党中央的集中统一领导实现的。《中国共产党章程》第 10 条规定："党是根据自己的纲领和章程，按照民主集中制组织起来的统一整体。……全党各个组织和全体党员服从党的全国代表大会和中央委员会。"党中央集中统一领导的重要形式和有力保障，就是行使对地方党政领导干部的任免权、奖惩权。

政治机制作为地方法治建设的激励机制，最突出的特征就是把地方法治建设成效纳入政绩考核指标体系，同地方官员的职位升降挂钩。党的十八届四中全会通过的《关于全面推进依法治国若干重大问题的决定》明确了这一基本指针：把法治建设成效作为衡量各级领导班子和领导干部工作实绩重要内容，纳入政绩考核指标体系；把能不能遵守法律、依法办事作为考察干部重要内容，在相同条件下，优先提拔使用法治素养好、依法办事能力强的干部；对特权思想严重、法治观念淡薄的干部要批评教育，不能改正的要调离领导岗位③。从这些原则性要求可以看出，政治机制包含着鲜明的奖优罚劣导向，即对法治素养高、法治建设成效好的干部予以表彰提拔，对法治观念淡薄、法治建设问题多的干部进行批评处分。

党的十八大以来，党中央、国务院在政治机制的制度设计和实际操作上越来越走向规范化、条理化、体系化。从现有制度机制看，地方法治建设的政治激励机制主要由领导责任制、考核考评、督察督导、问责追责等机制所构成。关于领导责任制，2016 年中办、国办印发《党政主要负责人履行推进法治建设第一责任人职责规定》，明确规定了党政主要负责人在推进法治建设上应履行的主要职责。该规定要求，上级党委应当将下级党政主要负责人履行推进法治建设第一责任人职责情况纳入政绩考核指标体系，作为考察使用干部、推进干部能上能下的重要依据。该规定主要适用于县级以上地方党委和政府主要负责人，县级以上地方党委和政府工作部门主要负责人和乡

---

① 参见《宪法》第 89 条第 4 项、第 125 条第 2 款、第 137 条第 2 款。

② 参见《宪法》第 67 条第 8 项、第 132 条第 2 款。

③ 本书编写组：《〈中共中央关于全面推进依法治国若干重大问题的决定〉辅导读本》，人民出版社 2014 年版，第 37 页。

镇（街道）党政主要负责人也要参照这一规定执行①。关于考核考评机制，2019年中央颁布的《党政领导干部考核工作条例》有关改进政绩考核的第10条规定："……加强法治建设、促进社会公平正义等工作的考核，加大安全生产、社会稳定、新增债务等约束性指标的考核权重"②。

督察督导机制作为地方法治建设的激励机制，可分为综合机制和专项机制两大类。前者如法治建设督察机制，后者如生态法治建设督察机制、扫黑除恶专项斗争督导机制。2019年中办、国办印发的《法治政府建设与责任落实督察工作规定》，把地方各级党委履行本地区法治建设领导职责、地方各级政府和县级以上政府部门履行法治政府建设主体职责、地方党政主要负责履行法治建设第一责任人等纳入督察对象和内容，实际上确立了一种关于地方法治建设的综合督察机制③。2019年中办、国办印发的《中央生态环境保护督察工作规定》，明确把国家生态环境保护法律法规、政策制度、标准规范、规划计划的贯彻落实情况和生态环境问题立案、查处、移交、审判、执行等环节非法干预以及不予配合等情况纳入督察内容，可以说确立了生态法治建设督察机制④。2018年中办、国办印发的《全国扫黑除恶专项斗争督导工作方案》规定，督导工作的一个重点是围绕依法严惩，重点督导扫黑、除恶、治乱的成效，特别是严守法律政策界限，严格依法办案，确保涉黑涉恶问题得到根本遏制⑤。按照此方案，中央已组织开展了三轮扫黑除恶专项斗争督导工作，实现了对全国各省（区、市）全覆盖。从全国扫黑办公布的第一轮督导整改落实情况看，第一轮督导取得了重要成效。各督导组向10个省级党委政府提出161类811条整改问题建议、181条问责建议，移交6313条重点督办线索。10省市在整改期间打掉涉黑组织100个，摧毁恶势力犯罪集团1129个，查扣冻结涉案资产49.43亿元，查处涉黑涉恶腐败和保护伞问题2896件、3021人⑥。

---

① 新华社：《党政主要负责人履行推进法治建设第一责任人职责规定》，载《人民日报》2016年12月15日第6版。

② 新华社：《党政领导干部考核工作条例》，载《人民日报》2019年4月22日第5版。

③ 新华社：《法治政府建设与责任落实督察工作规定》，载《人民日报》2019年5月7日第1、第6版。

④ 新华社：《中央生态环境保护督察工作规定》，载《人民日报》2019年6月18日第14版。

⑤ 新华社：《中办国办印发全国扫黑除恶专项斗争督导工作方案》，http://www.sohu.com/a/239868781_773899。

⑥ 新华社：《中央扫黑除恶专项斗争第一轮督导整改落实情况公布》，http://www.xinhuanet.com/legal/2019-01/31/c_1124072249.htm。

问责追责机制是政治机制的撒手锏，也是其威慑力和强制力之所在。前述几种机制，最终要以问责追责机制为后盾。近年来，党中央、国务院查处了甘肃祁连山生态系统破坏、陕西秦岭违建别墅等一批暴露地方法治建设突出问题的重大案件，推动问责追责常态化、制度化。其中，甘肃祁连山生态环境破坏案件，正像习近平总书记所指出的那样，最突出的特点是立法上“放水”、执法上“放弃”①。《甘肃祁连山国家级自然保护区管理条例》《甘肃省矿产资源勘查开采审批管理办法》等地方性法规和规章，同《中华人民共和国自然保护区条例》不一致，允许在国家级自然保护区实验区进行矿产开采等违法活动。甘肃省有关监管部门执法不作为、乱作为，导致一些违法违规项目畅通无阻，自然保护区管理有关法律规定名存实亡。对此案的处理结果是，责成甘肃省委省政府向党中央作出深刻检查，时任省委和省政府主要负责同志认真反思、吸取教训，对包括 3 名副省级干部在内的一批负有领导责任的干部进行问责②。

除了前面列举的刚性激励机制之外，我国还采取评选表彰先进单位、总结推广先进经验等柔性方式激励地方进行法律和非法律的制度创新。中央政府经常用的激励策略之一，是对某地创造的先进经验冠以其地名，在全国范围内加以总结推广。这就相当于赋予经验创造地以著作权。例如，毛泽东同志在 20 世纪 60 年代将浙江枫桥创造的“发动和依靠群众，坚持矛盾不上交，就地解决，实现捕人少、治安好”的基层管理经验命名“枫桥经验”，并要求各地学习仿效。50 多年来，“枫桥经验”与时俱进创新发展，至今仍是全国基层社会治理领域一面高高飘扬的旗帜。2018 年，中央政法委在浙江诸暨召开专门会议，总结推广新时代“枫桥经验”，加快推进基层社会治理现代化③。改革开放以来，我国广泛采用“××经验”“××模式”等命名方式，褒奖在某一领域作出开创性探索的地方。例如，最高人民法院在总结各地矛盾纠纷多元化解的先进经验时，遴选提炼出了四川“眉山经验”、山东“潍坊经验”、安徽“马鞍山经验”，并在全国范围内加以推广④。对地方

① 习近平：《加强党对全面依法治国的领导》，载《求是》2019 年第 4 期。

② 新华社：《中办国办就甘肃祁连山国家级自然保护区生态环境问题发出通报》，载《人民日报》2017 年 7 月 21 日第 1 版。

③ 郭声琨：《坚持发展新时代“枫桥经验” 推进基层社会治理现代化 建设更高水平的平安中国》，载《人民日报》2018 年 11 月 13 日第 4 版。

④ 周强：《最高人民法院工作报告——2018 年 3 月 9 日在第十三届全国人民代表大会第一次会议上》，载《人民日报》2018 年 3 月 26 日第 2 版。

法治建设成果给予肯定性评价，并在全国范围内交流展示，也是一种对地方产生重要激励作用的机制。从 2018 年开始，中央政法委举办新时代政法工作创新交流会，目的就是通过交流展示和推广各地政法工作创新实践和成功经验，激励各地开拓创新、争创一流。在首次举办的创新交流会上，北京西城区等全国 6 个地方的党委政法委书记做了交流发言①。

三、舆论机制

在移动互联网时代，线上线下、虚拟现实、体制内外等界限日益模糊，公共舆论场的社会动员能量越来越大，已发展为威力无比的社会评判监督机制。由于地方法治建设质量与人们的生产生活、安居乐业息息相关，日益成为公共舆论关注和讨论的重点领域。从近年来网络舆情发展看，与地方法治建设相关的企业家维权、消费者维权、群体性事件、涉众型经济案件、冤案错案、执法司法腐败、个人极端暴力犯罪等案件，保持持续高热势头，逐渐占据舆情热点位置。特别是一些关系百姓民生大计的热点案件，往往会引发舆论场的群情激奋，甚至酿成震撼力、杀伤力很强的公共舆论事件。从社会效果看，公共舆论关于地方法治案件的热议，不仅会对地方法治情况具有很强的正面或负面评价功能，还会产生道义上、声誉上的褒奖或制裁效应。可以说，与市场机制、政治机制相比，舆论机制是介于有形和无形之间的引导地方法治建设的“第三只手”。

舆论机制表面上看似乎是一种软性的约束机制，但有时能产生比前两种机制更持久、更深远的制裁效应。如果某个地方的法治建设情况屡屡被社会舆论作出负面评价，日久天长地积累起来，就容易在全国形成某种不利于该地发展的刻板效应。例如，“投资不过山海关”，就是过去形成的一种关于东北投资环境不佳的刻板效应，至今仍成为笼罩在东北地区上空的驱之不散的魔咒。尽管东北地区已在摘掉这顶帽子上付出了艰苦的努力，取得了可喜的成就，但只要在营商环境上爆出一点新问题，这一魔咒就会被人所唤醒，甚至大做文章。

在新媒体时代，公共舆论提供了快速的、便捷的、低成本的救济机制。

---

① 《关于新时代政法工作会议创新交流会情况》，http://www.mps.gov.cn/n2253534/n2253539/c63525656/conten。

当正常的法律救济机制过于迟缓或失灵时，普通民众甚至企业家就会通过网络表达诉求，寻求社会舆论的声援，引起地方政府的重视。在民意导向的政治体制下，各级党委和政府高度重视体现民意的公共舆论，因此舆论机制与政治机制往往交相呼应。比如，企业家毛振华以视频形式投诉黑龙江亚布力管委会非法侵害其企业的合法权益，不仅引发了社会舆论的声讨，还引发了黑龙江省委省政府的快速响应和即时调查。省联合调查组及时向社会公布了调查结论，认定亚布力管委会存在的三个问题，明确提出了处理意见[①]，平息了一度汹涌的网络舆论。

随着大数据、人工智能技术的发展，地方法治舆情已成为可监测、可统计、可评估的对象。尽管地方法治舆情数量的多少受到各种因素的综合性影响，如地方政府应对舆情能力的高低、当地居民维权意识的强弱等，但如果一个地方负面法治舆情长期频发、高居不下，就很难说该地法治建设状况良好。从这种意义上说，负面法治舆情数量的多少是衡量和评价地方法治建设水平的一个重要指标。目前，国内已有一些专门机构从事法治舆情监测工作，跟踪分析法治舆情的地域分布情况，定期对各省舆情进行排名分析。例如，法制网舆情监测中心是一家专门从事政法舆情监测分析的机构，定期发布全国政法舆情分析报告，对各省政法舆情情况进行量化评价。该中心 2017 年上半年的分析报告指出，西部政法舆情高发，陕西、四川两省高居榜首[②]。2018 年上半年的分析报告指出，政法舆情热度板块向中东部转移，河南、陕西、湖南、广东等省较为突出[③]。

可以预见的是，随着网络舆论场力量的爆发性增长，舆论机制在地方法治建设激励机制中的地位快速跃升。市场机制、政治机制、舆论机制三种机制之间的融合联动也将更加密切，构成一个具有鲜明中国特色的地方法治建设激励体系。在这一激励体系的有力驱动下，地方法治建设就步入快车道，推动法治中国建设迈向良法善治的新境界。

（黄文艺，中国人民大学法学院教授、博士生导师）

---

① 郑少忠、柯仲甲：《黑龙江公布“毛振华视频”反映问题的调查结果》，载《人民日报》2018 年 1 月 5 日第 11 版。

② 《数读 2017 年上半年政法舆情 12 大特征》，http://yuqing.people.com.cn/n1/2017/c209043-29418157.html。

③ 《小舆说·2018 年上半年政法舆情图鉴》，http://www.legaldaily.com.cn/The_analysis_of_public_opinion/content/2018。

技术赋权下的智慧治理

马长山

【内容摘要】当今的信息革命产生了颠覆与重建的社会效果，造就了“众创式”制度变革。它带来了扁平博弈下的“众创式”规则生产，形成了技术赋权、多元构建的治理生态，从而对传统的治理秩序产生了一定的挑战。对此，不应消极地予以防御和控制，而应积极地回应和变革，从而打造共建共治共享的智慧治理秩序。

【关键词】制度变革　技术赋权　智慧治理　法治建设

随着信息革命的飞速发展，新兴科技制造了无限量发展的虚拟空间，它与现实空间既是相互分离，又是渗透互动的，如滴滴打车、短租平台、共享单车等。这就使传统的平面空间转向了“虚拟”与“现实”并存的二维“立体”空间，不仅出现了网络空间行为与现实空间行为的复杂关系，也出现了网络“软规则”与国家法律法规之间的冲突，并带来了一系列的社会治理问题和秩序风险。目前，各国都试图从理论和实践上积极应对这一网络时代的新问题、新变革，但并没有可靠的解决方案。而对于当下中国而言，这一问题则更加突出，如何既保障创新发展、又化解秩序风险，从而推进良法善治，就成为迫切需要解决的重大理论和实践课题①。

一、扁平博弈下的民间规则生产

制度变革无疑离不开社会需要和民众诉求，改革开放以来我国也形成了

① 笔者曾在拙文《智慧社会建设中的“众创式”制度变革》（载《中国社会科学》2019 年第 4 期）中，对这一问题进行了系统研究，这里再继续做一些补充分析和论证。

先经地方探索再由国家确认推广的“先行先试”变革模式，尽管这体现着国家立法与多元社会的互动与平衡，但毕竟在国家的引导和管控之下，试验和变革的速度也较慢。然而，近年来，在新兴科技发展和“大众创业、万众创新”的鼓舞下，滴滴打车、短租平台、共享单车等新业态、新模式迅速崛起。它们所带来的变革动力和呈现方式完全突破了既有的“先行先试”模式，形成了民间“软规则”的“众创式”生产。这样，它就被赋予了空前的社会动力和“由下而上”的民间面向，并产生了与国家所推动的“由上而下”的制度变革所完全不同的效果。

事实上，这绝不是空穴来风。我们所处的乃是一个网络技术、数字技术、智能技术叠加融合，并呈现指数级发展的新时代，它带来了前所未有的颠覆性创新与深度变革。这种“众创式”制度变革恰是这种力量在社会治理和法律领域的典型呈现。也即在“互联网+”时代各种新业态和新模式的形成过程中，社会力量通过新技术、新平台来自发创制适应和维护新业态、新模式的运行机制与规则，并通过“植入”和“嫁接”方式嵌入到现有经济（商业）业态与模式中，突破了监管体制、法律规则和既定秩序，使得政府不得不作出相应制度回应和法律变革的过程。因此，它是“互联网+”时代“大众创业、万众创新”趋势和“共享经济”所激发的民众创新创业精神的客观反映，是当今“数字革命”条件下推进法律变革和社会进步的新方式、新途径。滴滴打车、短租平台、共享单车等就是其中的典型代表。它具有以下特征：首先，它是在国家体制之外的民众创新方式和民间规则生产形式，具有可复制、连锁性的“类”发展特征，并呈“星火燎原”之势；其次，与国家体制化的立法相比，“众创式”的规则生产具有非程式性（无须严格程序）和随机性（随时可以发生）；再次，它具有“双重”突破性，也即它既有对原有经济（商业）业态的突破或“颠覆”性，也有对现有监管体制和规则秩序的突破或解构性；最后，它往往采取植入或者嫁接方式，形成非正式制度要素对正式制度的嵌入，挑战了现有法律的稳定性和权威性。基于这些属性和特点，它就形成了一种全新的制度变革方式。

一方面，形成了颠覆性创新中的官民博弈。以网约车为例，它凭借新技术平台，在传统出租车运行方式之外，创造出了一个线上与线下（online to offline，O2O）即时互动交易、用户—平台—网约车主（汽车租赁公司、私家车、出租车）分享整合运行和个性化服务的新商业模式，而这些是原《出租汽车经营服务管理规定》、各地管理细则和监管体制所难以涵盖的。当我们暂不考虑既有出租车管理规则的“正当性”问题时，就不难发现：巡游车通过打车软件“接单”后，就可以对“扬招”路客视而不见，这与巡游车不得“拒载”的规定发生冲突；滴滴、易到等平台在交通高峰时段通过加价优选的方式，突破了关于出租车统一价格、不得议价抬价的规定，也对“扬招”路客造成“打车”机会的不公平；网约车平台招募私家车带来的黑车“洗白”问题、安全风险（交强险、纠纷解决、安全防范），打破了现行规则的约束；等等。短租平台同样也带来宾馆这一特许行业的安全、防火、监管等诸多挑战性问题，这些新业态、新模式借助技术力量形成了对现有制度规则的底层颠覆。而且，随着网络化、数字化、智能化的进一步发展，必然激发更多的众创行为和规则生产，使“新的规则将出现在许多在线空间里，以统管广泛的虚拟空间中的新现象”[①]。面对这种来自民间的重大颠覆性制度变革，政府首先是防御性的查禁立场，且在2013—2016年这三年多的时间里，政府监管部门的监管态度经历了反复纠结。最终，在2015年10月交通运输部公布《关于深化改革进一步推进出租汽车行业健康发展指导意见（征求意见稿）》和《网络预约出租汽车经营服务管理暂行办法（征求意见稿）》时，出现了前所未有的从消费者到出租车司机、网约车司机、平台公司、专家学者等各方参与的讨论热潮，相关部门组织了100多场座谈会、听证会、论证会，充分尊重各个群体的诉求表达、地方政府的事权管理并寻求最大公约数，这才推动了错综复杂的出租车行业改革，形成人们乐见的多赢的格局[②]。但其中不难看到，监管部门对突然来临的制度颠覆带有某种恐惧和控制的倾向，“地方部门对活跃的社会动态往往反应迟钝，以至于有互联网公司都把软件开发出来了大受社会追捧时，政府还在琢磨怎么个管法、如何平衡各方利益。职能部门既不和互联网公司合作，自己又缺乏让其完善的补丁程序，只会让公众陷入无奈和等待”[③]。这无疑展示出“众创式”制度变革面前的官民适应性、各自角色定位和官民博弈性、扁平互动的全新境遇。

另一方面，从“厅堂议事”向民间“众创”。在以往的法律变革进程中，都是各类社会诉求经由体制性的立法程序，间接地通过体制来促成在规

① 彼得·德恩里科、邓子斌：《法的门前》，北京大学出版社2012年版，第395页。

② 侠客岛：《网约车终于合法　改革为何会如此纠结?》，http://news.china.com/domestic/945/20160729/23175412_all.html#page_1，2016年8月11日访问。

③ 耀琪：《卸载打车软件　不如打个“政府补丁”》，http://media.people.com.cn/n/2013/0524/c40733-21599989.html，2016年7月23日访问。

则形成过程中发生有利于己方的改变，因而它是以现实的法律变革压力，来使其诉求得以法律化实现。换句话说，自近代以来，立法民主化就成为国家制度构建的主导形式，它一直以“厅堂议事”的程式化机制来推动社会的法律变革。也就是说，基本都是通过体制内（政党、人大代表、政协委员等）或体制外（社会精英、群体组织、民间代表）的修法建议、专项提案或者具有重大影响的社会事件等，凭借公众参与和民间诉求的“正当”理由输入和社会的变革压力，进而在立法机构（或行政机构）的“厅堂议事”框架内启动，经由立法者的审议、修正或废立，来最终推动相关法律（包括条款）变革的。然而，以网约车、短租平台为代表的新兴商业力量，则突破了这一框架。它所形成的“众创式”的规则生产，则是通过对既有监管制度直接“改写”的方式，来打造“生米煮成熟饭”的局面，迫使监管部门“被动”地进行回应和变革，因而它不再是体制外的并通过体制才得以实现的法律变革压力，而是在体制外的直接法律变革行动。这种民间“众创式”软法生产，不仅有效转化了网络化、数字化、智能化的技术进步成果，也提升了智慧发展中民间反向塑造国家的能力，形成了官民双向互动、平衡构建的机制与平台，这无疑成为智慧治理秩序的新兴动力和根本支撑，也是新时代法治国家建设的社会基石和发展方向。

二、技术赋权、多元构建的治理生态

自近代以来，国家权力在受到社会制约的同时，也在不断地构建着社会。而“国家构建（state - building）就是在强化现有的国家制度的同时新建一批国家政府制度。”[①] 因此，它是国家以公益为由来进入社会，并力图塑造社会的一个经常性的制度化规制活动。尽管它需要反映社会发展需要和公众诉求以促成“共有的国家认同的形成”[②]，也不乏民间力量的回应反思和构建参与。不过，国家构建毕竟是主导的，而民间力量对国家的影响，则更多的是通过进入国家的公共政策开放空间和民主参与机制中来实现的。然

---

① 弗朗西斯·福山：《国家构建——21 世纪的国家治理与世界秩序》，黄胜强等译，中国社会科学出版社 2007 年版，序，第 1 页。

② 德里克·W. 布林克霍夫：《冲突后社会的治理：重建脆弱国家》，赵俊等译，民主与建设出版社 2015 年版，第 41 页。

而，随着网约车、短租平台等新业态、新模式的崛起发展，这一切都发生了改变。它们凭借新技术平台开辟了前所未有的利益空间和运营“飞地”，并根据自身特定的商业要素、构造和运行方式的需要，在“飞地”中进行技术化的自我赋权，来酝酿、设计、生产“无中生有”的民间“非正式”规则，从而“使混沌中产生秩序”。[①] 这样，技术赋权、多元构建的治理生态便出现了。

其一，平台的“场内”规制。网络化、数字化和智能化发展的一个重要结果，就是平台经济时代的到来。这些平台都是一个个独立而又庞大的“商业帝国”，诸如淘宝、百度、微信、滴滴、美团等等，它们都在自己的平台内部有规则制定权、日常管理权、违规处罚权和纠纷调解权。这既有来自政府给平台“加责任”所形成的权力，如实名制审查；也有自身设定的权力，如滴滴打车的“滴米”系统上线使用之后，驾驶员愿意去接“差单”了，从而抑制了驾驶员隐形的挑客或拒载行为；但同时，如果司机安装“加速器”则被认定为违规行为，一旦被公司后台数据监控到，司机将被封号处理。[②] 这些“非正式”规则发挥着塑造、维护和增进民间自主秩序的重要作用。

其二，平台的“场外”协调。各种新业态、新模式打造了智慧发展的平台经济。平台经济的一个突出特点就是“赢者通吃”，不同平台之间的利益竞争和数据之战也十分激烈。很多时候，“中国互联网巨头基本上都对彼此戒备森严，重重设卡”，[③] 尽管打造开放平台式的网络“城邦”已成一种发展趋势，但仍“要面临不同系统之间的磨合问题，不仅有技术上的，还有规则上的，以及互相了解上的。”[④] 这样，平台的“场外”协调就十分关键了，亟须构建新的行业规范和商业伦理，特别是“互联网以自己的方式架空和解构了传统的权力结构，同时也形成了一种新的权利场。接下来要做的事就是

---

① 凯文·凯利：《失控——全人类的最终命运和结局》，张行舟等译，电子工业出版社2016年版，第727页。

② 王宇：《为抢单，沈阳的哥百元安装“加速器”》，http://news.sina.com.cn/o/2014-03-23/101029772490.shtml。

③ 《经济观察报》社论：《互联网城邦时代的权力游戏》，http://finance.sina.com.cn/roll/20150208/022521501616.shtml。

④ 夏勇峰：《中国互联网城邦竞争力报告》，载《商业价值》2011年第1期。

固化这样的权利场，并形成新一轮的平衡。”[①]

其三，“众创式”规则的合法化控制。哈耶克的研究表明，尽管社会中只有一部分规则和秩序是人们刻意设计、建构安排的“人造秩序”，而大部分则是自我生成或源于内部的自生自发的“增长秩序”，但自生自发的发展仍“并不能证明它将永远是善法，甚或也无法证明它的某些规则就可能不是非常恶的规则”，因而也会陷入一种“仅凭自身的力量所不能摆脱的”困境，因此，需要“以刻意审慎的立法对其进行纠正”。[②]

在互联网兴起之初，“网络自由主义”扮演着启蒙者的角色，信奉者认为“互联网的自由就‘写在’它的协议中。它不需要任何法律条款或政治程序就可以持续地‘解放’我们，因为最终解放我们的是技术，而不是法律和制度；他们相信，技术将使政治与治理问题逐渐消失。”因而“民族国家被视作过时落伍的产物、令人分神的干扰。”但很显然，这是“以天真的技术决定论为基础的。”[③] 因为，有些“私人偏好可能为集体抱负或慎思明辨的判断所推翻。”这样，“即使有些人的景况因规制而恶化，规制仍然可以获得正当性论证。”[④] 而很多国家的经验也一再表明，“如果没有国家，大多数公共治理将不能有效地进行。”[⑤] 具体到新时代的“众创式”规则生产，它既有“赋权性”“自治性”的部分，也有“安定性”“风险性”的部分，如果对其中所掺杂的私人偏好和特殊利益追求不加控制的话，那么，就会对消费者权利、公共利益和公共秩序产生负面的影响，既不利于发挥“众创式”规则生产的积极作用，也有悖法治建设的目标。

上述三方面的重大变化，就形成了一种技术赋权、多元构建的治理生态，它乃是“众创式”制度变革的秩序呈现，也是当下智慧社会建设的客观要求，需要探索全新的社会治理方案。

---

① 《经济观察报》社论：《互联网城邦时代的权力游戏》，http://finance.sina.com.cn/roll/20150208/022521501616.shtml。

② 哈耶克：《法律、立法与自由》，邓正来等译，中国大百科全书出版社2000年版，第135、第136页。

③ 弥尔顿·L. 穆勒：《网络与国家——互联网治理的全球政治学》，周程等译，上海交通大学出版社2015年版，第3页。

④ 凯斯·R. 桑斯坦：《权利革命之后：重塑规制治国》，钟瑞华译，中国人民大学出版社2008年版，第50页。

⑤ 弥尔顿·L. 穆勒：《网络与国家——互联网治理的全球政治学》，周程等译，上海交通大学出版社2015年版，第2页。

三、共建共治共享的智慧治理创新

人类文明的每一次重大进步都无不建立在科技创新的基础上，特别是当资本与技术紧密融合，就常常会打着科技进步和优胜劣汰的大旗，来开疆拓土、摧枯拉朽，以至于乐观主义者认为“应该以开放的心态去接受现代性的福利，这是一个不可逆转的趋势。尤其在现代社会，科技的日新月异使得人们对于颠覆性的事物已经多有期待。”① 然而，需要注意到，它也会“废除所有能够带来稳定和秩序的传统故事和符号，而重新讲述一个关于技能、技术知识和消费美梦的故事。”② 事实上，这个变革应该抑制资本逻辑和私人偏好的不利因素，以增益平衡来促进公众福祉和社会文明进步。对于身处全面深化改革和转型关键期的中国而言，则更是如此，这也是实现国家治理体系与治理能力现代化、推进智慧治理秩序的迫切需要。

首先，创新包容性、法治化的治理机制。网约车、短租平台等新业态、新模式不仅是新兴技术变革的直接产物，也是当今信息革命和共享经济发展的必然要求，它带有鲜明的去中心化、多元化、包容发展的趋向。因此，党的十九大适时提出了“共建共治共享”的战略要求，这就需要确立包容性、法治化的治理原则，探索官民共建、多元共治、各方共享的规制方式。从而既能保障各种“众创式”制度变革力量的积极性和创造性，又能确保其符合共享经济发展的规律和要求，使“众创式”制度变革成为共建共治的巨大力量，带来的进步成果也能够为社会所共享，并与政府一道来共同应对技术变革风险。这样，才能更好地鼓励“众创式”发展，又能促进新时代的智慧治理创新。

其次，打造技术赋权、多元构建的智慧治理秩序。面对滴滴打车、短租平台、共享单车等新业态、新模式，政府应该更多地认同它们自主化的技术赋权，同时，在社会治理中应给予其更多的包容和吸纳性，探索不同业态之间的纠纷解决机制，对危及公共秩序的价值偏好予以规制引导，从而形成国

---

① 那什、蔡雄山、李汶龙：《打车软件：一场旧制度与新技术的博弈》，载《人民邮电报》2015年6月8日06版。

② Neil Postman：《技术垄断：文明向技术投降》，蔡金栋等译，机械工业出版社2013年版，第168页。

家秩序对“自生自发”秩序的指引矫正、尊重技术赋权与倡导多元构建的秩序样态。当然，在政府吸纳、矫正“众创式”制度变革、推进智慧治理的公共决策过程中，应该采取开门立法、多元协商方式来有序进行，而不可关门设计或者权力擅定。这样，才能更好地体现共建共治共享的战略要求。

再次，培育自由与责任的公共理念，为“众创式”制度变革提供法治文化环境。各种新业态、新模式无疑在“创造性的破坏革命”中产生了重大创新，[①] 也代表着信息时代前进的方向。然而，声言“尤其在现代社会，科技的日新月异使得我们对于颠覆性的事物已经多有期待”，[②] 似乎过于浪漫。客观地看，新兴技术发展带来的分权与赋权功能的不断强化，必然会动了别人的“奶酪”，产生一定的社会不公乃至社会风险。面对这一问题，仅仅靠法律是不够的，建设与之相适应的法治文化则显得尤为关键。西方一些发达国家已开始构建新兴科技开发与应用的行业伦理规则。例如，2017 年美国计算机协会下属美国公共政策委员会就曾发布文件，阐述了关于算法透明和可责性的七条原则，[③] 很多科学家也“都有意选择了‘以人为本’的设计”。[④] 对当下中国而言，在鼓励“大众创业、万众创新”的同时，亟须培育全社会的自由和责任理念、法治精神，摒弃唯利是图的过度利益追求，使得每个“众创式”制度变革的参与者都能尊重他人权利、承担社会责任、遵守共建共治共享原则，从而为“众创式”制度变革奠定伦理基础、设定内在规约机制，进而化解社会矛盾、防范社会风险，更好地打造新时代的智慧治理秩序。

（马长山，华东政法大学教授、博士生导师。本文系“研究阐释党的十九大精神”国家社科基金专项课题“新时代共建共治共享的社会治理法治化机制研究”（18VSJ033）的阶段性成果之一）

① 董晨：《创造性破坏，带来创新之路》，载《新华日报》2016 年 3 月 3 日第 9 版。

② 那什、蔡雄山、李汶龙：《打车软件：一场旧制度与新技术的博弈》，载《人民邮电报》2015 年 6 月 8 日 06 版。

③ 腾讯研究院：《2017 年全球人工智能政策十大热点》，https://www.sohu.com/a/215184272_465915。

④ 约翰·马尔科夫：《人工智能简史》，郭雪译，浙江人民出版社 2017 年版，第 338 页。

理论研讨

新时代地方法治文化的建设路向

蔡宝刚

【内容摘要】法治文化具有地方性或区域性，地方法治文化是一定地方的人们所共同具有和约定俗成的法治文化形态，法律也是一种地方性的知识，推进地方法治发展必须认真对待地方法治文化的建设。目前我国地方法治文化建设还存在一定的问题，新时代对地方法治文化建设提出了新要求，新时代地方法治文化建设的总体路向是发掘地方性的法治文化资源、创新地方法治文化宣传特色、提高地方法治文化的认同度、发挥干部法治文化引领作用、培养全社会的法治文化意识等。

【关键词】法治　区域法治　区域法治文化

党的十九大报告提出，“加大全民普法力度，建设社会主义法治文化，树立宪法法律至上、法律面前人人平等的法治理念”，为新时代法治文化建设指明了方向。法治文化具有区域性或地方性，地方法治文化是一定地方的人们所共同具有和约定俗成的法治文化形态，是当地社会群体通过继承传统和现实创造的并长期坚守和遵从的法治思维方式和行为习惯，地方法治文化智慧能够为法治发展“接地气”和“供养料”。但目前在地方法治文化建设方面还存在着地域间法治文化发展不平衡、法治信仰缺失、地方法治文化意识不强、对地方法治文化建设重视不够和办法不多等不良现象。因此，在全面依法治国的新时代，必须认真对待和精心找寻地方法治文化资源，本文试对新时代地方法治文化建设的总体路向提供几点建议。

一、认真对待地方法治文化建设

加强文化建设是新时代的重要任务和使命，十九大报告中提出：“文化是一个国家、一个民族的灵魂。文化兴国运兴，文化强民族强。没有高度的文化自信，没有文化的繁荣兴盛，就没有中华民族伟大复兴。”法治文化是文化的子系统，是法治与文化的结合体，法治与文化有着天然的共生和互动关系，文化是能够沁人心脾的无形力量，能在潜移默化中起到教育、熏陶、引导、规范、凝聚、激励人们社会行为的作用，文化通过人的心智来认知、理解法治并进而支配人们作出如何立法、执法或守法等行为，不同的文化尤其是法治文化背景和素质的人，可能做出公正执法、自由裁量、恪守法律的行为，也可能做出徇私枉法、任意擅断、规避法律等不同行为。因此，研究和实践法治问题自然离不开文化因素的考量，文化驱动也是法治发展极为重要的源泉，思想家们对此有诸多经典论述，如在孟德斯鸠论述的法的精神中有着诸多文化的因素，法律应该“和居民的宗教、性癖、财富、人口、贸易、风俗、习惯相适应”①，等等。从某种意义上说，有什么样的文化，就会有什么样的法治与之相适应，无形的文化具有无极的力量，法治运转的各个环节都深深地打上了文化的印记，离开文化根基的法治可能成为纸上谈兵而难以有效实现，或只能通过国家的强推而难以服人。法治文化是文化的重要组成部分，法律运作的各个环节也与地域文化如影随形，“法律，就是这些文化的组成部分。法律可以自己拥有自身独特的历史、术语和职业群体。然而，即便是在这个专业程度非常集中的领域，法律也不是孤立存在的。因此，为了理解文化是如何整合和运作的，人们就不得不虑及法律，人们则又不得不将其视为文化的组成部分”②。

法治文化是法律文化中的重要组成部分，法律文化是一个中性词，或者说法律文化中包含着好与坏、先进或落后的两部分内容，法治文化指的是法律文化中符合一定价值标准的那部分文化形态，是经过历史沉淀和社会发展检视过的好的或先进的法律文化形态，尤其是法治文化中体现和蕴含着一定的人类美好的价值标准，“法治文化的核心是自由、平等、人权、公正、效率等等这样一些先进的文化要素，这些文化要素也是法治的核心价值”③。法治发展不仅仅是立了多少法、判了多少案那么直接和简单，法治需要追求和符合一定的价值意蕴，法治需要法治文化的支撑和滋养，法治文化建设也相

---

① 孟德斯鸠：《论法的精神》（上册），张雁深译，商务印书馆1961年版，第7页。
② 罗森：《法律与文化：一位法律人类学家的邀请》，彭艳崇译，法律出版社2010年版，第4页。
③ 张文显：《区域法治文化问题的棱镜》，载《扬州大学学报》2014年第5期。

应成为整个法治建设的重要“内驱力”和“软实力”。因此，法治的推行者和实施者都必须在观念上高度重视法治发展中的文化建设，只有培植法治的文化土壤和获得文化的滋养，法治发展才能富有底蕴和充满活力，进而才能生生不息和长盛不衰，“法治确立的成功与否取决于特定国家综合的政治文化环境，而非单纯地取决于法制的建构”①。而文化时常甚至始终地与区域性或地方性联系在一起，法治文化更多的说的是地方性法治文化。从国别的范围看，即使是一个国家的法治文化也是一种地方性的法治文化；从国内的角度看，一定的区域包括省域、县域或者其之间联合区域的法治文化就是一种地方性法治文化。因此，加强法治文化建设更多的是需要加强地方法治文化建设，此所谓越是民族的就越是世界的意蕴，挖掘和加强文化尤其是地方法治文化建设是推动法治建设的基础性工程和时代性使命，推进法治发展必须高度重视和认真对待文化尤其是法治文化的建设。

近年来，人们越来越重视法治包括法治文化对于经济社会发展的重要作用，法治包括地方法治发展状况越来越成为某个地方发展的核心竞争力要素。为此，一些省市相继提出使法治成为本地发展的核心竞争力，如上海市提出“使法治成为城市竞争力核心标志”，江苏省提出“使法治成为江苏核心竞争力的重要标志”，广州市提出“让法治提升广州核心竞争力”，等等。由地方在法治实践中提出的这一创新理念某种意义上更多的是在理念、观念或文化角度重视法治建设，因为法治核心竞争力是比较而言的，区域或地方之间可以作为比较的单位，高水平的区域法治环境可以成为区域经济发展的核心竞争力，在单一制的我国，各个地方在法律制度和法律适用方面的差异不会太大，而在地方法治文化及其建设措施方面则有较大差异。从这一意义上看，地方之间法治的竞争更多的则表现为地方法治文化建设方面的竞争，“区域发展的核心竞争力已经从地缘条件、区位优势、自然环境、资源要素、产业特色等逐渐发展为法治文化、人文精神、社会治理、生态环境等社会软实力的综合体系。其中，制度体系，人文环境的稳定性、可持续性和延展性需要融合更多的法治元素，而资源要素、人才、科技等硬实力的提升也有赖于法治的保障与支撑”②。十八大报告指出，建设社会主义文化强国，必须走

① 扬·M. 斯米茨：《法律模式的进口与出口：荷兰的经验》，参见简玛利亚·阿雅尼、魏磊杰：《转型时期的法律变革与法律文化——后苏联国家法律移植的审视》，魏磊杰、彭小龙译，清华大学出版社 2011 年版，第 87 页。

② 夏锦文：《让法治成为江苏发展核心竞争力的重要标志》，载《新华日报》2017 年 7 月 12 日。

中国特色社会主义文化发展道路，坚持贴近实际、贴近生活、贴近群众的原则。同样，法治文化的建设也需要贴近实际、贴近生活、贴近群众。中国特色社会主义进入新时代，我们应该根据新时代的要求认真对待地方法治文化建设，从而助益于地方或区域的法治发展以及在此基础上维护和促进整个地方政治经济社会文化等各方面的发展。

二、发掘地方性的法治文化资源

地方法治文化源自于本地方人们传统和现代的日常生活和社会实践，法治文化时常嵌入和表现在一般文化或大众文化之中，融入大众文化是地方法治文化建设的重要方法，地方法治文化建设的首要措施就是要能够充分发掘本地方的法治文化资源，从而形成法治建设与大众文化相互促进的良性局面。纽约法学院舍温教授在《大众文化中的法律》一文中提出，在法律与大众文化之间存在一个双向交通，法律的意义遍布于人们每天的日常生活和社会实践中，“人们接受有关法律、律师和法律制度的一系列故事和图像，这些故事和图像来自于书籍、报纸、电视新闻节目、文件、纪录片和故事片。无论我们来到何处，我们脑海中都带着这些故事和图像”①。而法律人讲故事，最好和最具竞争力的是采用那些人们熟悉的叙事形式的故事，简而言之就是熟悉和采用大众文化的资源。同样，大众文化同时还生产着自己的工具和方法，在理解法律真实的过程中生产自己的图像、标志、故事、角色与隐喻，从而能够形成某个地方或区域的法治文化特色和状态，这种文化能够向上影响到法律权力的最高层，从而使得官方与非官方的法律意义按部就班地通过大众文化传播实现循环。

法律是由特定的文化符号勾连而成，文化首先表现为地方文化，而大众文化首先应该是一种地方性文化，这种地方文化犹如一定的人文土壤，滋养着一方法律。从某种意义上说，法律是从特定地方的“土地”中长出来的规则，法治发展需要从地方文化尤其是地方法治文化基因中汲取生长和发展的营养。从一定意义上说，法律是一种地方性知识，“任何一种企望可行的法律制度，都必须力图把具有地方性想象意义的条件的存在结构与具有地方性

---

① 理查德·K. 舍温：《大众文化中的法律》，赖骏楠译，参见奥斯汀·萨拉特：《布莱克维尔法律与社会指南》，高鸿钧等译，北京大学出版社 2011 年版，第 102 页。

认识意义的因果的经验过程勾连起来，才可能显示出似乎是对同一事物所作出的深浅程度不同的描述"①。一方水土养一方人，一方水土中的主要营养成分就是文化因子，法律是与一定的文化土壤相伴而生的观念、制度和秩序。一个人的成长包括对法律或法治的认知和践行等等，都深深获益于或受制于萦绕其周遭的文化或法治文化特质，法律的生成与发展受制于其所有使用和适用主体的文化或观念，法律是来自于和服务于特定文化人群的规则，"法律主要是铭刻我们理念的一种文本。它的'功能'——如果我们确实将一种功能赋予它——是在表达'我们'是谁，抑或意欲想象我们自身为谁"②。

由于法治具有地方性的特征，这就使得法治建设的一个重要指向是应该聚焦于一定地方的一定主体，法治建设应该与地方文化相结合相契合，尤其需要充分发掘地方特色的法治图像、标志、故事、角色与隐喻等法治文化资源。古今中外、传统现代都有一定的关于地方法治文化的重要资源，这些资源可能淹没在文化海洋和社会生活之中，需要人们去精心挖掘和甄别。我国经过历史演化逐渐形成了中原文化、关中文化、燕赵文化、齐鲁文化、湖湘文化、荆楚文化、吴越文化、巴蜀文化等诸多地方文化圈。这些文化圈中都有着各自信奉和遵循的传统习惯、权利义务观念、价值形态等地方法治文化基因，在这些各具特色的文化的催生影响下逐渐形成了地方特色的法治文化样式，成为地方法治发展的基础条件和发展内因。尤其是在基层社会治理方面，各个地方的乡规民约是极为重要的法治文化资源，"乡规民约之于中国法律文化中的持久生命力，之于乡村治理的有效性，在于其本土性、地域性、熟悉性、植根性、传播性以及规范的普遍性、可执行性、可操作性、世代相沿不悖性"③，乡规民约的发掘和运用对于自治、法治和德治相结合社会治理体系的形成具有非常重要的作用。因此，发掘这些地方性法治文化因子是当代推进法治发展的重要任务，讲好和运用地方法治故事对于促进该地方人们的尊法和守法非常重要，当代社会的法治建设需要尽可能实现地方法治文化与乡土文化的对接，充分挖掘富有地方特色的法治文化内容和载体，从而能够为法治实践提供适当的文化土壤和地方资源。相反，如果法治建设中漠视地方法治文化的挖掘，就会使得法治建设失去社会文化根基而难以实施。

---

① 吉尔兹：《地方性知识》，邓正来译，参见梁治平：《法律的文化解释》，三联书店 1994 年版，第 83 页。

② 络德睦：《法律东方主义》，魏磊杰译，载《人大法律评论》2014 年卷第 2 辑，第 210 页。

③ 胡仁智：《"乡规民约"的独特法律文化价值》，载《光明日报》2018 年 11 月 6 日。

三、创新地方法治文化宣传特色

普法宣传教育是建设社会主义法治文化的基础工作和主要抓手，我国“七五”普法规划提出了依靠群众和分类指导的普法原则，“以群众喜闻乐见、易于接受的方式开展法治宣传教育”，“根据不同地区、部门、行业及不同对象的实际和特点，分类实施法治宣传教育”。以往我国为了实现全民法治意识的提升，进行了旷日持久且规模庞大的普法宣传，但普法宣传中对国情和地方的情况少有区分和识别，一般都是采取大而全的统一的宣传政策。而由于各地区的经济和法治发展水平不同，这种“一刀切”的政策反而可能让民众产生了惧法、厌法的情绪，千篇一律和生搬硬套的宣传教育效果并不理想，可能是事倍功半或事与愿违，“法治建设如不注意内在的文化机理培育和建设，很可能会产生‘南橘北枳’现象，即以人治的眼光看待法治，以人治的思维构建法治，只有法治的‘形’而没有法治的‘神’”[①]。

我国“七五”普法规划提出，“把法治文化建设纳入现代公共文化服务体系，推动法治文化与地方文化、行业文化、企业文化融合发展”，其中通过推动法治文化与地方文化的融合是普法取得成效的重要方法和路径。普法宣传应该在一定程度上根据一定地方的特色予以开展，尤其是要与地方法治文化相结合，这样才能产生良好的宣传效果，才能够使得法治入脑入心和有的放矢。因地制宜地进行法治宣传，能够让民众切实了解到法治文化建设的目的，让公民更好地行使自己的法律权利和履行法律义务，在建立了同时符合时代要求又符合区域实情的法治文化之后，各项法律也必更易推行、效果更好，尤其是对法治社会的建设具有深远的意义。契合地方法治文化特色和内涵的法治宣传才能够让民众耳濡目染，进而体会到法治的力量，从而也能够建设符合时代要求和地方实情的法治文化。为此，需要大力创新地方法治文化宣传特色，充分发挥地方法治宣传的积极性、创造性和主动性，推动法治文化与地方文化融合发展，通过老百姓喜闻乐见的方式使得法治宣传富有感染力和亲和力，如挖掘和宣传具有地方特色的法治名人故事、法制典故、法治警言、法治剧目等，让老百姓亲身感受到法治就在我们身边、法治住进

---

① 魏建国：《法治文化：特质、功能及培育机理分析》，载《社会科学战线》2012年第6期。

人们心里。

笔者曾经参观位于费城的美国国家宪法中心，切身感受到美国人对于宪法及其相关文化的尊崇。参观者首先可以看到一部名为《*Freedom Rising*》的戏剧表演，演员的真人表演使得参观者能够身临其境地了解美国宪法发展历史。人们还可以参观宪法签署人大厅，体会当时宪法签署的艰难过程，此外还有各种各样与宪法有关的体验活动，如模拟总统的就职演说等。宪法文化的内容和形式丰富多彩，充分展现了美国宪法的诞生和演变的历程。参观者可以感受美国宪法所展示的文化魅力，追思先贤们的法治智慧，这种宣传生动形象而又神圣庄严，令人难忘而又备受启发。我国也不乏类似的法治文化资源，缺乏的是在内容和形式方面的挖掘和创新，这就需要充分发掘富有地方色彩的法治文化内容和形式进行宣传教育，从而起到事半功倍和沁人心脾的普法效果。一些地方在此方面已经形成很好的成功经验，如近年来江苏省不断加强地方法治文化的宣传特色，形成了丰富多彩和别开生面的宣传样式和途径，取得了良好的法治宣传效果，江苏省已初步建成了拥有 6000 多部法治戏曲剧本、1.4 万余篇法治故事、3.9 万多幅法治书画摄影作品、1199 部法治动漫和微电影的省级法治文化作品资源库，以及一支拥有普法讲师团成员 1.4 万人、普法志愿者 29 万人、法制副校长 2.1 万人、3542 支民间法治文艺演出团队的法治宣传和教育队伍，形成了法治文化全覆盖的良好格局①。

四、提高地方法治文化的认同度

法治具有多重面相，“从深层次来看，法治归根结底是一种文化、一种信仰、一种生活方式”②，法治现代化的理想境界就是能够形成人们对于法治的信任和信仰，而这首先取决于要能够形成一种崇尚法治的社会环境。法治环境是全社会主张法律主治、依法而治所形成的法治社会环境，要使得尊法守法成为全社会的一种意识和行为自觉，让法治精神融入政治经济社会生活的各个方面，在全社会营造出崇尚法治的浓厚氛围，使法治成为社会治理创新的重要依托、生活方式的重要内容、文化精神的重要特色。

---

① 吕朝阳等：《区域法治建设之路越走越宽》，载《江苏法制报》2015 年 2 月 4 日。

② 李林：《中国语境下的文化与法治文化概念》，载《中国党政干部论坛》2012 年第 6 期。

要达到这种状态和效果就需要提高人们对地方法治文化的认同度，在此基础上才能逐渐培养人们对法治的情感和信仰。卢梭早就告诫世人，“法律既不是铭刻在大理石上，也不是铭刻在铜表上，而是铭刻在公民们的内心里；它形成了国家的真正宪法；它每天都在获得新的力量；当其他的法律衰老或消亡的时候，它可以复活那些法律或代替那些法律，它可以保持一个民族的创制精神，而且可以不知不觉地以习惯的力量代替权威的力量”①。费孝通先生认为，“法治秩序的建立不能单靠制定若干法律条文和设立若干法庭，重要的还得看人民怎样去应用这些设备”②。因此，如果能够契合一定地方的文化传统进行法律适用，就能够契合当地人的心智和习惯，从而在很大程度上就能够被当地人所接受，某个地方的人们就能够懂得如何去应用法律中的这些设备。党的十八届四中全会通过《中共中央关于全面推进依法治国若干重大问题的决定》（以下简称《决定》）指出，“法律的权威源自人民的内心拥护和真诚信仰”，信仰法治需要人们能够从文化认同的内心深处加以信任与信服，这种共识与认可很大程度上是一定地方的人们对自然和社会认知的升华，并形成支配人们行为的思维准则与价值取向。

人们对地方文化尤其是地方法治文化的认同是形成法治信仰的基本路径，由于地方法治文化与法的价值具有非常紧密的关联性甚至具有一定的重合性，在诸多方面是共生相通的，人们基于地方法治文化认同及其所形成的价值、知识等是法律得到人们信仰的重要支撑。简言之，如果切合了地方法治文化的情境，符合该地方人们的认知和价值，人们就能够心平气和地尊法守法，法律就会变得严格有力和易被遵守，在很大程度上能够获得对法律的信任或信仰。因此，要达至法律信仰的理想境界，加强地方法治文化建设进而提高人们对于地方法治文化的自信心和认同度至关重要。习近平总书记提出，执法司法者要信仰法治、坚守法治，做知法、懂法、守法、护法的执法者，站稳脚跟，挺直脊梁，只服从事实，只服从法律，铁面无私，秉公执法③。十九大报告指出：“文化自信是一个国家、一个民族发展中更基本、更深沉、更持久的力量”。文化自信包括法治文化的自信需要与地方文化包括地方法治文化相融合，注重地方法治文化与法治发展之间的连接，开展与地

① 卢梭：《社会契约论》，何兆武译，商务印书馆1980年版，第70页。

② 费孝通：《乡土中国 生育制度》，北京大学出版社1998年版，第58页。

③ 参见《习近平关于全面依法治国论述摘编》，中央文献出版社2015年版，第98页。

方文化底蕴相适应的法治建设，通过增强人们对法治发展各个环节的认同感，使得法治成为人们的思维习惯和生活方式。如从立法的角度看，就特别需要通过加强地方法治建设推动社会主义核心价值观入法入规工作，“可以有效支撑人们对法律的信仰和认同，使法律权威、法治理念真正植根于民心、民意、民情，潜移默化为国民的日用常行之道”①。

五、发挥领导干部遵纪守法的引领作用

每个地方的领导干部是全面推进依法治国的重要组织者、推动者、实践者，他们的言行举止是否具有法治文化素养，对于该地方整个法治文化素养和水平的影响至关重要，十八届四中全会《决定》指出：“各级领导干部要对法律怀有敬畏之心，牢记法律红线不可逾越、法律底线不可触碰，带头遵守法律，带头依法办事，不得违法行使权力，更不能以言代法、以权压法、徇私枉法。”十九大报告指出：“各级党组织和全体党员要带头尊法学法守法用法，任何组织和个人都不得有超越宪法法律的特权，绝不允许以言代法、以权压法、逐利违法、徇私枉法。”习近平总书记要求，党政主要负责人要履行推进法治建设第一责任人职责，统筹推进科学立法、严格执法、公正司法、全民守法，要提高领导干部运用法治思维和法治方式开展工作、解决问题、推动发展的能力，积极培育社会主义法治文化，引导广大群众自觉守法、遇事找法、解决问题靠法。

中办和国办印发的《党政主要负责人履行推进法治建设第一责任人职责规定》，要求党政主要负责人作为推进法治建设第一责任人，应当切实履行依法治国重要组织者、推动者和实践者的职责，贯彻落实党中央关于法治建设的重大决策部署。我国“七五”普法规划提出，“坚持把领导干部带头学法、模范守法作为树立法治意识的关键”。文化主要是通过人的言行进行传导与扩散的，而其中领导干部的文化品质和形象的影响力与传播度是最为显著的，在全面依法治国的新时代背景下，法治文化应该体现在每个领导干部依法执政、依法治国的各个领域和各个环节。因此，一个地方的干部尤其是主要领导干部对于法治文化建设的影响力至关重要，政治路线确定之后，干

① 于改之：《推动社会主义核心价值观入法入规》，载《光明日报》2018 年 5 月 25 日。

部就是决定的因素，地方的“关键少数”尤其是“一把手”等领导干部的身体力行是最有效的法治文化示范，以上率下是最有力的引导。因此，从某种意义上说，每个领导干部就是一位重要的法治文化使者，地方领导法治思维和法治方式的养成和对尊法守法的践行，对于地方法治文化生成与发展比一般的宣传教育作用更大，首先要树立宪法法律至上、法律面前人人平等的法治理念，并在法治文化的建设中起到政治核心作用和先锋模范作用，习近平总书记指出：“要发挥好各级党组织和广大党员、干部在依法治国中的政治核心作用和先锋模范作用。”①

榜样的力量是无穷的，领导干部讲话中的法言法语、领导干部行为中的法治方式、领导干部思想中的法治思维等都能彰显一定法治文化的示范效应。地方领导干部理应且必须是法治文化的守护者和传播者，且对于该地方法治文化氛围的形成具有很强的引领与弥散效应。反之，如果领导干部视法律如累赘，以权压法、滥用职权、官话套话盛行，势必起到助长法治文化扩散的负面作用，对于正能量法治文化社会氛围的形成会造成极大的损害。如果说领导干部都不能很好地尊敬和遵守法制，凭什么来要求普通民众尊法守法，“其身正，不令而行；其身不正，虽令不从”。总体说来，十八大以来各级领导干部尤其是“一把手”对于法治的身体力行、法治水平和能力的不断提升、尊法守法的意识不断增强，“党员领导干部的政治角色与法律角色的叠加，产生了带头遵守党内法规与带头遵守国家法律两种守法机制的优势叠加与成果转化”②，从而形成了对建设法治社会最为有效的示范和引导。随着新时代全面依法治国步伐的加快，对全面依法治国提出了新要求，在此背景下，广大干部的法治文化的素养仍然需要不断加强和提高，学法、知法、用法应该成为所有干部的最低素质和要求，坚持依规依法办事是每个干部起码的政治素质和行为准则。

六、培养全社会的法治文化意识

从法治文化的角度理解法律，法律是一个具有多重维度和内涵的概念和

① 习近平：《加快建设社会主义法治国家》，载《求是》2015年第1期。

② 吕永祥、王立峰：《依法治国与依规治党统筹推进机制研究——基于中国特色社会主义法治的动态分析》，载《河南社会科学》2018年第2期。

运行体系，而不仅仅是国家制定的国家法，有些重要的社会性规范同样是广义法的组成部分，这也是从文化角度看待和对待法律和法治的题中之义，这就与地方法治文化息息相关，诸多的规范及其运用是在一定的地方法治文化氛围内实施的，“法律的控制并非由统一的国家法律维持，在一个运用被宽泛地理解为‘法律的’权威的特定的社会中，还可以通过各种各样的体系维系法律的控制。……在封建社会时期的中国，这种‘多元的法律体系’包括家父和族长以及家法家规、村长与里老、地方乡绅、地方民团、盗匪、兄弟会、行会以及国家法律机构，或多或少依递减的次序适用于普通人”①。传统社会是如此，现代社会也并不例外，随着现代社会的精细化和变动性发展，人们对规范的要求越来越多，那种不假外求的古典自治法律观难以满足现代社会的欲求，广义的法的概念逐渐得到认可和彰显。这一概念的逻辑基点就是将能够促进国家和社会法治秩序生成和发展的多重规则都可以理解为法的形式，如地方习俗等，并在法治体系的框架下和各自的范围内发挥应有的作用，“法律构成社会的调控机制，但它必须以社会的总体概念作为前提，在这种概念中，法律的调控才富有成效”②。

法治文化是通过立法、执法、司法、守法等法治建设的诸多具体方面体现出来，其中包括立法、执法、司法等领域的法律工作者的法治文化，也包括普通公众的法治文化。法律工作者的法治文化意识素养自然非常重要，如从立法的角度看，地方立法者要注重将优秀的法治文化资源输入法律规范之中，如需要适时地将社会主义核心价值观中的诸多内容入法入规，在此基础上能够创制符合地方文化特色的地方性法规。执法司法者在法律适用中要注重法治文化因素的考量，这方面也越来越得到重视，如 2018 年 6 月施行的《最高人民法院关于加强和规范裁判文书释法说理的指导意见》规定，除依据法律法规、司法解释的规定外，法官可以运用下列论据论证裁判理由，以提高裁判结论的正当性和可接受性，其中就包括诸多法治文化因素，如公理、情理、经验法则、交易惯例、民间规约、职业伦理；采取历史、体系、比较等法律解释方法时使用的材料；法理及通行学术观点；等等。这些因素中有许多是嵌入在地方法治文化之中的，尊重和运用地方法治文化资源对于

---

① 梅利沙·麦科丽：《社会权力与法律文化：中华帝国晚期的讼师》，明辉译，北京大学出版社 2012 年版，第 330 页。

② 罗杰·科特雷尔：《社会理论中的法律和法律研究中的社会理论》，参见奥斯汀·萨拉特：《布莱克维尔法律与社会指南》，高鸿钧等译，北京大学出版社 2011 年版，第 25 页。

执法司法的支持作用，如江苏地区法院在司法实践中依据当地习惯进行裁判，使“子孙桶”、“彩礼”返还、“风水”习惯等地方习俗成为司法考量的相关因素，很好地解决了执行难问题，化解了社会矛盾。

普通公众的法治文化素养也不可或缺，作为最广泛的守法者，体现和弘扬法治精神责无旁贷，而公民的守法水平与地方法治文化建设息息相关，“注重通过法治思维培育公众的规则意识、契约精神，弘扬公序良俗，努力使循法而行成为全体公民自觉行动，让人们在日常生活的实践中感知意义、体验崇高”[①]。法律的目的是为了人们的遵守，守法的状况决定着法治的总体状况，而守法的状况有多层次，低层次的守法是被动的、不得已的守法，因恐于法律的威慑而守法，中等层次的守法则是主动守法或将守法看成是公民的应尽义务，高层次的守法则是相信法律是公平和正义的化身，因笃信法律而守法，这种守法就是将守法看成是道德义务，形成法律义务与道德义务相一致的状态，高层次的守法是最理想的守法状况。要达到高层次的守法状态就需要守法者从地方文化中汲取法治营养，使得守法义务与地方道德文化融为一体，用道德文化滋养法治精神，新时代就是要用社会主义核心价值观指导和培育公民的社会主义法治意识，使得法治成为每个人的思维习惯和行动指针，从而能够在自觉遵守法制的基础上维护法治的神圣性和权威性。要按照《社会主义核心价值观融入法治建设立法修法规划》的要求，将体现当代法治文化最新总体要求的社会主义核心价值观融入地方法治建设的方方面面，“要加强舆论引导，报道典型案例，弘扬法治精神，树立社会正气，鞭挞丑恶行为，引导人们自觉践行社会主义核心价值观”[②]。

（蔡宝刚，扬州大学法学院教授、江苏高校区域法治发展协同创新中心区域法治文化发展平台主任）

① 夏锦文：《让法治成为江苏发展核心竞争力的重要标志》，载《新华日报》2017年7月12日。

② 《中央印发〈社会主义核心价值观融入法治建设立法修法规划〉》，载《人民日报》2018年5月8日第1版。

法院与检察院工作协调机制初探
——以江苏地区为例

谢冬慧

【内容摘要】 在司法活动中，法院与检察院各自扮演不同角色，承担不同职责，但却有着共同的价值追求，这促使法院与检察院相互配合，协调工作。近年来，江苏地区法院与检察院的协调工作机制越来越受到关注，不过该机制也存在不可忽视的问题，影响了“两院”职能的发挥。当下，面对纷繁复杂的社会利益纠纷，我们必须重视法院与检察院“两院”协调机制问题，制定细则以规范法检协调机制，围绕公正效率价值构建和谐的法检关系。

【关键词】 江苏　司法机构　工作协调　机制探索

在中国的司法活动尤其是刑事司法实践中，法院与检察院（以下简称“两院”）分别扮演不同角色，承担不同职责。但是，二者却具有共同的价值追求，诸如公正高效地打击违法行为、制裁犯罪、维护国家和人民的合法权益，等等。这一共同的目标追求是促使法院与检察院工作协调机制建立的基础。在此，笔者以江苏地区为例，试图探讨法院与检察院工作协调的基本理论，分析目前这种工作协调的现状，进一步思考今后“两院”工作协调机制的完善路径。

一、法院与检察院工作协调机制的基本理论

实践离不开理论的指导。在司法实践中，法院与检察院工作协调实践，自然不能脱离相关理论的引领。“中国旧时无行政司法的分划，也没有审判

与检察的差别……自清末变法，乃仿欧陆立法采用检察制度”[①]。中华人民共和国成立后，法院与检察院作为司法机关，是国家依法设置的维护国家利益与人民合法权益的重要机关，它们分别从中央到地方共分四个层级，且每个层级的法院和检察院几乎比邻而居，其主要意义在于便利“两院”的相互联络与工作协调。当然，其中还有更为深厚的理论基础。

首先，“两院”协调基于共同的价值追求。简单地说，法院与检察院皆是保障国家和人民权利的司法机关，当国家和人民的权利受到侵害或者遇到危险时，这两个司法机关均应给予公力救济和及时帮助。可以说，这一共同的救助目的或者价值追求是法院与检察院需要工作协调的理论基础，也正是因为“法院与检察院为着统一的目的，分工负责，执行着各自的职权”[②]。换言之，在现行的中文语境中，为了达到共同的目的和追求，法院与检察院依照适当的法律与法定的程序处理诉讼案件，此类工作统称为“司法”活动。

而为了实现司法活动的目的与效果，有时候非常有必要协调法院与检察院之间的关系，形成工作机制。正如有学者指出的那样：“从司法机关内部而言，检察院和法院在依法独立行使职权的同时，应加强沟通与协作，打击刑事犯罪，保障社会安宁。”[③] 也就是说，在机构设置上，法院和检察院均独立设置，但是，具体工作方面却存在一定的沟通和协作。对此，德国的法院与检察院也有类似的做法。德国检察院“在刑事案件审理过程中，同法院一起作为统一的刑事司法机构的成员而出现在被指控者面前，并在诉讼程序中，努力维持正义与真理”[④]。即使是英美法系的美国也强调检察院与法院等工作机构的合作并进。据研究，“美国的检察官在刑事法庭中是最有权威的官员……警察、辩护律师、法官、缓刑犯监督官员在刑事司法过程中有各自起作用的阶段，而检察官的职责则是把这些不同的阶段衔接起来，检察官位于这个异常复杂且充满冲突的环境的中心”[⑤]。也即是说，法院与检察院基于共同的目的而在工作中相互联合，从维护国家和人民的合法权益出发，协调

① 吴祥麟：《中国检察制度的改革》，参见徐昕：《近代司法》，厦门大学出版社2012年版，第375页。

② 熊先觉、刘宏运：《中国司法制度学》，法律出版社2007年版，第3页。

③ 马平：《司法和谐与纠纷解决机制》，兰州大学出版社2007年版，第12页。

④ 肖扬：《当代司法体制》，中国政法大学出版社1998年版，第146页。

⑤ 周振雄：《美国司法制度概览》，上海三联书店2000年版，第228页。

双方的关系，彰显法律的公平正义价值。

其次，“两院”协调源于宪法的基本规定。“一切诉讼活动的本质，都应当是国家专门机关依照法定程序，解决当事人权利义务争议的活动。”[①] 法院与检察院作为国家的司法机关，其职责与行为大多在宪法里可以找到依据。现行《宪法》第135条规定：“人民法院、人民检察院和公安机关办理刑事案件，应当分工负责，互相配合，互相制约，以保证准确有效地执行法律。”从这里可以发现：法院与检察院之间实质上存在着紧密联系与相互协作的关系，尤其是在处理刑事案件的过程中，更加强调这种协作关系。也正是基于宪法的该条规定，才导致无论是审判工作还是检察工作，都有一条共同的基本原则，那就是在办理刑事案件过程中，彼此（包括与公安机关）分工负责，互相配合，互相制约。

进言之，检察院和法院在分工负责的基础上，通力合作，互相支持，协调一致，共同证实犯罪，惩罚犯罪分子，达到遏制、教育和预防犯罪的效果。所谓“互相配合，是指在分工的基础上，各司法机关互相支持与协助，以达到查明事实，揭露犯罪，惩罚犯罪，保障无罪的人不受刑事追究的目的”[②]。宪法的规定，为法院与检察院工作协调提供了法律依据，也构成了法院与检察院工作协调机制的基本理论。由此，一些法院与检察院设置相应的机构，确保“两院”工作协调机制正常运行，并且落到实处。有学者通过调查发现：法院审委会与检察院检委会的意见通常还是能达成一致的，都能因时而宜地交流法律、掌握政策，且检法两院通常关系较好，遇到问题也较易沟通[③]。实践证明，法院与检察院工作协调机制的理论是科学、可行的。

再次，“两院”协调便于发挥机制的作用。从功能上看，“在我国，只有人民法院才享有审判权，只有人民检察院才享有检察权，做到了国家司法权的真正统一”[④]。也就是说，检察院和法院作为我国的司法机关，各自有其自身的功能。但是，这些功能只是相对独立的，有时候为了快速高效地达到解决矛盾的目的，必须充分发挥“两院”工作协调机制的作用，因为只有“发挥司法机关的整体功能，防止主观片面，保证准确有效地执行法律。它能发挥各自的职能作用，防止滥用权力，切实保护公民的人身权利、民主权

---

① 李建明：《刑事司法改革研究》，中国检察出版社2003年版，第69页。

② 李建明：《刑事司法改革研究》，中国检察出版社2003年版，第61页。

③ 刘婵秀：《检察长列席审委会实证考察》，载《国家检察官学院学报》2003年第5期。

④ 熊先觉、刘宏运：《中国司法制度学》，法律出版社2007年版，第59页。

利和其他合法权益”[①]。由于法院或者检察院单一机构的力量或作用是有限的，只有围绕共同的目的，二者相互协调形成合力的作用才是无限的。司法的本质就是彰显公正，而维护公正和主持正义更是司法活动应恪守的价值准则。在办案过程中，检察院和法院只有适时协调作战，才能保持司法权运行的理想状态，也才能达到公正、高效的维权目的，真正彰显司法的公正本质。

此外，从更广泛的意义来看，“社会管理职能的一致性，为法院、检察院建立联合机制，共同化解社会矛盾纠纷奠定了坚实的基础”[②]。随着我国社会的发展，尤其是社会转型，带来社会管理的复杂化，为了确保社会管理职能的一致性，必须实现社会管理的创新，建立“两院”协作联动机制，以求快速高效地解决社会矛盾。

二、江苏法院与检察院工作协调机制的现状

就江苏地区而言，近年来，法院与检察院的协调工作机制受到普遍的关注。据报道，自2010年开始，常州市金坛法院与金坛检察院在司法实践中通过探索建立起了对接机制。双方联合制定了《关于建立民事检调对接工作协调、配合、监督机制的实施意见》，设立了专门的检调对接机构，强化优势互补，合力化解当地的社会矛盾，取得了良好的社会效果，多起在当地有影响力的案件被“两院”合力化解。他们还将刑事附带民事案件的民事赔偿矛盾化解在检察起诉阶段，从而加深了法院与检察院工作协调的广度和深度[③]。也因此化解了更多的社会矛盾，带来了比较好的社会影响。

类似的做法在江苏其他地方屡见不鲜，例如宿迁市宿豫区法院与区检察院也在2011年联合出台了《关于建立执行工作联系协调机制的试行办法》，以规范两院在执行工作中的沟通、配合、支持和监督，形成化解执行矛盾的合力。据统计，“办法试行2个多月来，法院邀请15名检察官参与7起重大执行案件的现场监督、执行和解工作，其中执结案件5起、和解1起，取得

① 熊先觉、刘宏运：《中国司法制度学》，法律出版社2007年版，第65页。

② 黄贤、汪开友：《法检共谱和谐曲》，载《江苏法制报》2011年6月7日第B01版。

③ 黄贤、汪开友：《法检共谱和谐曲》，载《江苏法制报》2011年6月7日第B01版。

了令人满意的法律效果和社会效果”①。又如泰州高港区法院2010年开始“加强了与区检察院的联系，建立定向联动机制，形成调解合力，有力地推动了司法和谐”②。还有镇江市润州区法院和区检察院则通过开展法检两院联席座谈会的形式，实现工作协调，以解决两院在司法工作中存在的问题和分歧，逐步达成共识，促进双方工作的提高③。而南京市人民检察院也主动加强与同级法院的对接，“正确把握抗诉尺度，对审判程序和裁判文书中存在的瑕疵，主动加强沟通协调，督促法院自行纠正，努力维护审判权威”④ 等，江苏地区基层法院与检察院实现工作协调的例子不一而足。

江苏省高级人民法院也在积极探索与同级检察院等机构的工作协调机制。2017年，江苏省高级法院“会同省检察院、省公安厅统一经济犯罪定罪量刑适用标准”⑤，实为工作协调机制的一部分。与此同时，“省检察院审查省法院减刑裁定265件，审查省监狱管理局暂予监外执行案件128件，对一些罪犯的减刑幅度和适用监外执行是否合法妥当提出了监督意见，得到采纳”⑥。表明江苏省法院与检察院工作协调机制的运行获得了一定的收效。

总之，“自2003年省法院省检察院工作会谈机制建立以来，两院在加强沟通交流中认真落实会谈成果，全面履行审判、检察职能，积极参与、促进和保障社会管理创新，有力推进了江苏司法工作健康、深度、和谐发展”⑦。这些都是江苏法院与检察院工作协调机制值得肯定的地方。但是，也存在一些值得关注的问题，只不过很少被报道或者说得比较含蓄而已。例如有学者指出，检察机关存在的问题有“与法院等部门的协调有待加强”⑧。实际上就是反映法院与检察院之间尚存工作不协调的地方。通过调研，具体问题表现如下。

第一，部分法院对检察院的法律监督存在抵触情绪。根据调研走访，江

---

① 张清华、郭奎：《宿豫法检执行协调机制成效凸显》，载《江苏经济报》2011年7月20日第B01版。

② 丁书华：《法检联合调解助推司法和谐》，载《泰州日报》2010年11月26日第007版。

③ 王蒙：《镇江润州法院、检察院建立工作联系制度》，http://www.legaldaily.com.cn/locality/content/2011－11/09/content_ 3085082.htm。

④ 葛晓燕：《南京市人民检察院工作报告》，http://www.njdaily.cn/2015/0120/1034937.shtml。

⑤ 夏道虎：《江苏省高级人民法院工作报告》，http://www.jsfy.gov.cn/art/2018/01/29/9_ 93346.html.

⑥ 刘华：《江苏省人民检察院工作报告》，http://www.jsjc.gov.cn/gzbg_ 1/。

⑦ 朱旻：《江苏省高级法院省检察院举行工作会谈》，载《江苏法制报》2013年8月6日。

⑧ 金鑫：《和谐司法视野中的检察改革》，知识产权出版社2009年版，第219页。

苏地区的部分基层法院对同级检察院的法律监督存在模糊认识，甚至个别基层法院对同级检察院的法律监督有着抵触情绪。他们片面地认为，根据宪法规定，法检两家同为国家司法机关，在地位上二者理应是平等的，不应存在监督与被监督的关系，只有上级检察院才有监督下级法院的权利，也因此才有调阅案卷的权限。这种模糊认识带来了双方工作上的不协调，以致一些检察院在刑事抗诉案件中频频遭遇“调卷难”现象。甚至某些法院总认为“检察机关的法律监督是在故意‘找茬’”，由于这种抵触情绪的存在，自然导致法院对检察院的法律监督工作持不配合的态度，使得检察院的法律监督工作难以开展，司法公正难以得到保证。

第二，审案过程出现事实认定及法律适用的分歧。司法实践工作中，江苏地区的某些基层法院和检察院，由于缺乏沟通或者协调不够，导致在处理案件过程中双方各执己见。就事实认定、法定程序及法律适用等重要问题，他们的意见难以统一，常常出现检察院认为某案件认定事实不够准确，或者审理违反了法定程序，抑或适用法律不适当等现象。但是，接受监督的法院却坚定地指出自己对案件的处理事实清楚，程序正当，于法有据。双方互不认同，给案件的公正性及司法的公信力带来较大的影响，案件的执行也是阻力重重。根据一份江苏市民对司法公正的满意度调查，结果显示：有超1/3的人对江苏司法的公正性是不太满意的①。这一调查结果与“两院”工作不协调不无关联。

第三，部分法院与检察院片面地强调自身的职能和地位。部分法院的工作人员总认为：化解矛盾、解决纠纷、维护社会稳定乃法院之职能，既然法律赋予法院以自由裁量权，那么，对于案件的处理，法院才是最终的裁判者，用不着检察院出来“指点”。而作为检察院，则理直气壮地认为：自己享有监督法院的法定职权，检察院的意见法院就得服从②。可以说，此时的“两院”都只是片面地从自身的职能出发，强调自身的地位，没从司法活动的本质与价值层面去衡量其各自工作的地位，因而出现了法院与检察院“谁

---

① 李力：《江苏省公民司法公正满意度报告》，参见蔡道通等：《江苏法治发展报告》，社会科学文献出版社2016年版，第261页。

② 从监督理论上看，“在任何一个崇尚法治、司法公正、权利保障的法治国家，都特别注重对公权力的监督和制约，以防公权力被滥用以至于滋生腐败。人民法院所拥有的司法权同样需要权力的监督制约，以免造成司法权力的滥用，甚至形成司法腐败。”详见胡晓霞：《完善民事执行检察监督的保障机制》，载《中国高新区》2018年第2期。

也不服谁”的状态，带来“两院”工作的不协调与不和谐，更不利于司法公信力的提升。

简言之，由于部分法院对检察院的监督存在模糊认识乃至抵触情绪，导致在审案过程中两家对事实认定及法律适用存在一些分歧。又因为“两院”片面地强调各自在司法活动中的主导地位，从而带来了“两院”工作的不协调，自然也影响它们职能的发挥，诚如学者所言：“法检不和谐直接影响到司法机关司法职能的发挥，进而部分弱化了我国社会主义司法的功能，其危害不可低估。”① 由此，加强“两院”工作协调机制就显得格外重要了。

三、加强江苏法院与检察院工作协调机制的建议

当下，我国的司法改革已经进入了新的发展阶段，必须加强新时代的法院与检察院协作关系。但有人对我国的司法改革并不乐观，认为当下“我们司法改革基本是法检两院自我主导为主，守住自己权力而不被束缚，这种改革没有实质意义”。的确，现行的司法改革仅仅局限于法院、检察院单个儿怎么改，法院有法院的改革思路，检察院有检察院的改革方案，缺乏一个司法改革的整体设计，影响了公正及效率的真正实现。江苏作为经济发达地区，社会矛盾多发。面对纷繁复杂的各种社会利益纠纷，欲保持司法公正与司法效果的统一，必须将法院与检察院两院协调联动的问题纳入江苏省新一轮司法改革的范畴。

首先，制定细则，使法检协调机制规范化。认真贯彻落实江苏省“两院”关于工作协调的意见，因地制宜制定基层“两院”工作协调办法。早在十多年前，为加强法治江苏建设，江苏“两院”联合出台了《江苏省高级人民法院、江苏省人民检察院关于加强工作协调的意见》，对此，江苏基层法院与检察院应转变观念，坚决贯彻落实。当时江苏少数基层“两院”出台了具体措施，最有代表性的是2003年11月，扬州市中级法院与检察院联合出台了《关于民事行政审判监督、检察工作的协作意见》，明确规定：①人民检察院对正确裁判应予支持，对错误裁判依法监督，人民法院予以支持和配合；②人民检察院审查民事行政申诉案件，凭介绍信向人民法院查阅、

---

① 柴建国、王燕霞：《法检和谐——构建和谐社会的重要内容》，载《河北法学》2006年第8期。

复印卷宗……这一意见的出台为加强扬州市“两院”之间民事行政审判监督、检察工作的协调配合，为法律的统一正确实施以及公平正义的维护，提供了制度保障，其实施效果也是比较明显的。但是，相当一部分基层法院和检察院并没有具体落实省“两院”意见的行动，这些地区需要激活没有落实的制度，彰显制度的力量，固化执行上级决策的意识。

当然，时过境迁，应对新时代的改革环境，各级“两院”必须认真及时制定或调整相关的工作协调办法，使法检协调机制规范化。我们深知：法律随着社会发展而变迁，“两院”工作协调机制也不例外。即使有的地方“两院”协调机制健全，也应做相应调整和完善。此前，江苏部分地方做得很好，例如2016年7月，江苏宝应县法院、检察院出台了双方协作配合工作意见，规定：在查办虚假诉讼案件过程中可以相互借调或者复制侦查、起诉、审判、执行案件卷宗，并予以积极配合。2017年初，江苏省出台健全落实社会治安综合治理领导责任制实施办法，法院与检察院作为其中的重要主体，自然不能缺席，应有综治协调、齐抓共管之职责。简言之，根据社会形势的变化，各级法检相应制定和完善“两院”协作办法，非常有必要。只有这样，才能促使法检协调机制的规范化。

其次，适应国家司法体制改革的新形势，扎实推进“两院”联动改革。近些年来，江苏作为国家司法改革的试点地区，在法院、检察院工作机制改革方面取得重大进展。第一批试点的16家法院、检察院已进入工作状态。他们扎实推进以审判为中心的刑事诉讼制度改革试点，启动审执分离改革及刑事诉讼认罪认罚从宽试点，并出台了相应的实施方案。在南京市实施了刑事案件速裁程序改革试点；在盐城等市法院开展了人民陪审员制度改革试点。全面推开人民监督员选任管理、监督程序改革，深化执法司法规范化与公开化建设，推行生效法律文书上网工作。[①] 诸多的司法改革只是着眼于法院或者检察院等单项机构，缺乏对“两院”联动的改革设计。我们建议扎实推进江苏基层“两院”协作机制，进一步加强法院与检察院两家的工作联系，通过健全联络机制，增进了解支持，强化协调配合，推动法检两家更好地发挥职能作用，维护司法公正，促进社会和谐。

再次，围绕司法为民、公正、效率的宗旨，构建和谐的法检关系。之所

---

① 参照江苏省依法治省领导小组办公室：《法治江苏建设2016年发展报告》，载《江苏法制报》2017年5月4日第2版。

以要强调“两院”的工作协调，宗旨在于回到社会主义司法的本源上来，是因为司法为民、司法公正、司法效率等都是我们司法工作所应追求的、不可回避的永恒主题。由于多种原因，在具体工作上，法院与检察院对此理解有失偏颇。正如有学者所指出的，“公正带有不确定性，法院认为裁判是公正的，检察院可能认为是不公正的，而合议庭、审委会讨论又有不同意见”①。必须采取可行恰当的措施，构建和谐的法检关系。此前，有学者建议从执行监督入手，加强“两院”协作：“检察机关从文书审查入手，通过审查判决、裁定文书了解财产刑的判决情况是否合法，加强与法院的沟通、合作，由法院将执行财产刑所涉及收据、文书等及时递交检察机关，以完善对执行财产刑后续工作的监督，建立起自己的财产刑执行监督机制。”② 笔者认为这的确是一项可行的办法。习近平总书记反复强调要促进社会的公平正义，而公正司法是维系社会公平正义的根本保障，法院、检察院理应主动积极配合，自觉践行公平正义的社会价值，改变法检两家各自为政、互不服气的状况。

尤其是法院不要对检察院的监督带有抵触情绪。前文已述：检察机关的法律监督职能，带来法官与检察官的对立状态，双方意见无法一致。理论上，法律监督是检察机关的基本职能，法院应正确认识检察院的法律监督工作。古今中外，为了加强对司法官吏审判活动的法律监督，大都建立了一整套司法监督制度和法官责任追究制度。理论上，法院与检察院可以独立行使审判权、检察权，但是司法实践中，“两院”必要的协调合作是不可缺少的。“效率是司法公正的应有之义，现代司法制度在保障公平的同时，应注重提高效率。”③ 部分案件的处理，只有“两院”加强协调合作，才能真正谈得上司法效率。

最后，江苏“两院”应建立便于沟通交流的工作平台。五年前，江苏高院效仿政府行政服务中心管理模式，为全省三级124家法院建设了集诉讼服务、纠纷分流、矛盾化解等职能为一体的“门诊式”诉讼服务中心，极大地方便了当事人，为他们提供了“一站式、全方位、多层次、低成本”的诉讼

---

① 陈爱武等：《司法公信从哪里来》，载《江苏法制报》2016年2月18日第3版。

② 蒋春富：《以审判为中心背景下的公检法关系构建》，载《江苏法制报》2017年7月20日A07版。

③ 金鑫：《和谐司法视野中的检察改革》，知识产权出版社2009年版，第28页。

服务。[①] 这是法院系统内的优质交流平台，在法院与同级检察院之间也可以建立类似的工作平台，便于协调“两院”的工作。

此外，江苏基层法院与检察院还应进一步深化司法公开改革与司法队伍建设。一方面，真正落实审务公开、检务公开，增加“两院”各项工作的透明度，让司法公正成为“看得见的公正”。另一方面，不断提高司法队伍的综合素质。随着江苏法官与检察官员额制的正式启动，后续管理办法也应当跟上，强调法官与检察官的协作意识，制定系统严格的法官与检察官遴选、培训及考核制度，修订完善执法办案考评办法，进一步细化标准和措施，引导法官与检察官牢记为民、公正、效率宗旨，让司法权力运行于高素质的司法职业队伍中。

综上，当下的司法改革，不仅是体制方面的改革，更重要的是工作机制的改革，建立法院与检察院工作协调机制是司法工作机制改革的重要组成部分，它将本着维护国家和人民的合法权益出发，协调双方的关系，彰显法律的正义价值，推动法、检两家更好地发挥职能作用，维护司法公正，促进社会和谐。

（谢冬慧，南京审计大学法学院教授、法学博士后，主要研究方向是近现代司法制度。本文为江苏高校哲社重点项目“司法管理制度改革与法治江苏建设”（2014ZDIXM017）的阶段性成果）

① 陈旭、王志高:《法治建设为江苏区域发展注入新动力》，载《江苏法制报》2012年4月26日第001版。

论地方法治政府建设中行政法院的功能定位与制度建构

程琥

【内容摘要】行政法院是跨行政区划集中管辖行政案件的专门法院。在地方法治建设中，法治政府建设是重点和关键，行政法院在地方法治政府建设中有着特殊功能和独特优势。行政诉讼制度是地方政府权力运行制约和监督机制的有机组成部分，发挥着不可替代的重要职能作用。囿于现行行政审判体制，长期以来由地方法院审理以辖区行政机关为被告的行政案件，容易受到地方保护和行政干预的影响，导致行政诉讼出现“立案难”“审理难”“执行难”等突出问题。当前行政审判体制改革重中之重在于尽快在行政案件跨区域集中管辖改革、跨行政区划法院改革、专门行政法院改革三者之间作出选择，亟须构建行政法院体系以回应地方法治政府建设需要。

【关键词】地方法治政府　行政法院　功能定位　制度建构

在地方法治建设中，法治政府建设是重点和关键，而行政审判又是地方法治政府建设的重要推动力量。行政诉讼制度是通过司法监督救济渠道，制止、纠正地方政府侵犯人民群众权利的重要制度设计，是中央对地方政府进行司法监督的有效工具。由于长期以来我国现行行政审判体制导致行政案件容易受到地方保护和行政干预，在一些地方甚至出现行政审判失灵问题。地方政府权力一旦缺乏有效监督制约，必然会出现膨胀甚至会被滥用，“一切有权力的人都容易滥用权力，这是万古不变的一条经验。有权力的人们使用权力一直到遇有界限的地方才休止。”① 因此，为防止地方政府权力滥用，就

---

① 孟德斯鸠：《论法的精神》（上册），张雁深译，商务印书馆 1982 年版，第 154 页。

应健全地方政府权力运行制约和监督体系，加强对地方政府权力运行的制约和监督，把地方政府权力关进制度的笼子里。行政诉讼制度是地方政府权力运行制约和监督机制的有机组成部分，发挥着不可替代的重要职能作用。囿于现行行政审判体制制约，当前亟待构建行政法院体系以回应地方法治政府建设需要。

一、行政法院在地方法治政府建设中的功能定位

行政法院是跨行政区划集中管辖行政案件的专门法院。行政法院在我国并非新鲜事物。我国早在清末变法修律时期即筹设“行政审判院”，北洋政府和国民党政府时期则设有平政院、行政法院等专门行政审判机构。目前，我国台湾地区和澳门特别行政区都设有行政法院。《中华人民共和国行政诉讼法》是由七届全国人大二次会议于1989年4月4日通过，自1990年10月1日起施行。作为“民告官”的行政诉讼制度在我国地方法治政府建设中发挥不可替代的重要职能作用。

（一）行政法院是构建良性“央地关系”，保障中央政令畅通的根本要求

中央与地方的关系问题，一直是困扰着中国改革与发展的一个老问题。有人说一部中国史就是处理中央与地方关系的历史。我国是统一的单一制国家，从中央到地方适用一套完整的法律体系和中央方针政策。构建良性的中央与地方关系，充分发挥中央和地方的“两个积极性”，避免“一统就死，一放就乱”情况的再度发生，维护法制统一，保证中央政令畅通和方针政策、决策部署在地方统一实施。习近平总书记指出：“如果党中央没有权威，党的理论和路线方针政策可以随意不执行，大家各自为政、各行其是，想干什么就干什么，想不干什么就不干什么，党就会变成一盘散沙，就会成为各行其是的‘私人俱乐部’，党的领导就会成为一句空话。”① 总体而言，国家宪法法律和中央方针政策能够在地方得到很好的贯彻实施，但在某些地方，出于地方利益、团体利益甚至是个人利益考虑，公然搞“上有政策，下有对策”，在落实中央决策部署上打折扣、做选择、搞变通，“层层空转”，地方

---

① 习近平：《在省部级主要领导干部学习贯彻党的十八届六中全会精神专题研讨班上的讲话》，参见《习近平谈治国理政》（第二卷），外文出版社2017年版，第21页。

政府不作为、乱作为，监管层层失守的现象比较突出。“不少地方还以发展经济为借口，热衷于闯黄灯、绕红灯，不执行中央宏观调控政策。”① 从近年来人民法院受理的起诉地方政府的行政案件看，以市、县、乡三级政府为被告的占到97%。这说明地方法治政府建设，特别是基层法治政府建设仍然是法治建设的重点和关键。行政法院是通过司法监督救济渠道，制止、纠正地方政府违反国家法律、中央政令侵犯群众权利的重要制度设计，是中央对地方进行司法监督的有效工具，通过依法审理行政案件，确保宪法法律统一实施，确保中央政令畅通，维护中央权威。

（二）行政法院是坚持以人民为中心，保障和改善民生的关键环节

人民群众是我们党的力量源泉，人民立场是中国共产党的根本政治立场。以人民为中心是新时代坚持和发展中国特色社会主义根本立场。中国特色社会主义进入了新时代、我国社会主要矛盾已经转化为人民日益增长的美好生活需要和不平衡不充分的发展之间的矛盾，人民法院面临的维护社会公平正义、调处社会矛盾纠纷的任务更加艰巨繁重。地方政府在保障和改善民生中承担着重要职责，地方政府不作为、慢作为、滥作为由此产生的矛盾纠纷将会被诉至法院解决。行政审判涉及人民群众生产生活方方面面，对于依法落实国家保障和改善民生政策具有重要意义。近年来，一些地方在房屋征收拆迁、棚户区改造、收回行政许可、解除行政协议等行为中，存在着不讲诚信失信于民现象，严重损害诚信政府形象，侵害群众利益，引发的行政争议也长期得不到解决，给国家长治久安留下安全隐患。当前通过公正高效地审理涉及民生的各类行政案件，实现好、维护好、发展好人民群众的根本利益，审理了涉及居民收入分配的行政案件，切实保障城乡居民收入权益，推动形成合理的收入分配制度；审理了涉及社会保障类的行政案件，切实保障人民群众的基本养老、基本医疗保险、最低生活保障费等合法权益；审理了涉及基本医疗卫生类行政案件，切实保障人民群众身体健康，推动公共卫生体系、医疗服务体系、医疗保障体系、药品保障体系的完善和发展；审理好了关乎人民群众切身利益的土地征收、房屋拆迁行政案件，公平保护被拆迁人的合法利益；审理了涉及受教育权的行政案件，维护教育公平，实现学有

---

① 江必新：《中国行政审判体制改革研究——兼论我国行政法院体系的基础、依据及构想》，载《行政法学研究》2013 年第 4 期。

所教；审理了涉及劳动权益的行政案件，保障扩大就业的发展战略得到实施。行政诉讼制度是保障社会公平正义、促进社会和谐的一项重要法律制度。“行政诉讼调节的是行政法律关系，在行政法律关系中，公民、法人和其他组织与行政机关相比，往往处于弱势的地位，合法权益容易受到侵害或忽视。”① 当前一些地方政府侵害群众民生权益的情形时有发生，而由于行政案件审理容易受到地方保护和行政干预，人民法院难以有效发挥维护社会公平正义最后一道防线的作用，在一定程度上动摇了人民群众对地方法治政府的信心。新时代人民美好生活需要日益广泛，不仅对物质文化生活提出了更高要求，而且在民主、法治、公平、争议、安全、环境等方面的要求日益增长。面对新时代的新任务，设置行政法院有助于消除行政案件的地方保护和行政干预，进一步增强保障和改善民生的积极性、主动性和创造性，始终把司法为民和维护社会公平正义作为行政审判工作的出发点和落脚点，不断满足人民群众日益增长的美好生活需要。

（三）行政法院是有效解决行政争议，维护社会安全稳定的现实需要

在现行行政审判体制下，即便实行立案登记制改革，仍会有相当数量的行政案件由于地方保护和行政干预，不能正常受理、审判、执行。由于法治渠道与信访渠道在解决矛盾纠纷中属于此消彼长的关系，大量原本可以通过行政诉讼等法治化渠道解决的矛盾纠纷，由于法治渠道不畅通，未经诉讼法定程序直接进入信访渠道。据统计，每年的行政纠纷有400万~600万件，而2015年立案登记制改革实施以来，全国一审行政案件数量年均虽有所增长，但总量仅约23万件。而一审审结的行政案件上诉率却经常高达70%以上，申请再审率超过10%，为民事审判和刑事审判的6~8倍。由于官民矛盾无法通过行政诉讼等法治渠道解决，常常会造成个别矛盾转化为整体矛盾，整体矛盾恶化为群体事件，甚至会出现极端恶性事件。近年来，在有的地方出现的极端恶性事件背后，都不同程度地存在着行政诉讼渠道不畅通因素。由于化解矛盾纠纷需要付出较大成本，有的纠纷还可能涉及前几任地方政府领导的重大决策和政绩，并且在一些地方政府领导的眼中解决矛盾纠纷属于潜绩，并不像地方经济增长那样能够指标化显现出来，在不科学的政绩观驱使下一些地方政府领导习惯于“新官不理旧账”，在化解行政纠纷时缺

① 程琥：《我国行政诉讼制度司法困境与出路》，载《中共浙江省委党校学报》2014年第4期。

乏积极性和主动性，导致一些地方历史遗留问题长期得不到解决。这不仅导致地方维稳成本高居不下，恶化官民关系，也给社会安全稳定留下很大风险。我国当前已经进入行政纠纷、群体性纠纷高发阶段，在这样一个复杂的社会转型时期，“官民关系稳而天下稳，官民关系乱而天下乱”。构建良好的官民关系，从源头上预防和化解行政纠纷，打造“枫桥经验”行政审判升级版，引导人民群众通过理性合法的方式解决矛盾纠纷，这是全面建成小康社会的根本要求。建立行政法院体系旨在消除地方保护和行政干预，有利于引导人民群众通过理性合法方式解决问题，扭转不正常的信访乱象和困局，维护社会安全稳定。

（四）行政法院是优化营商环境，加快法治经济建设的有力保障

习近平总书记强调，“法治是最好的营商环境。”[①] 党的十九大报告要求“全面实施市场准入负面清单制度，清理废除妨碍统一市场和公平竞争的各种规定和做法。”市场经济是法治经济，法治是社会主义市场经济的内在要求。加快完善社会主义市场经济体制，使市场在资源配置中起决定性作用和更好发挥政府作用。要继续深化以商事制度为突破口的“放管服”改革，加快全面实施市场准入负面清单制度和公平竞争制度，最大限度减少政府对企业经营的干预。要用法治来规范政府和市场的边界，尊重市场经济规律，通过市场化手段，在法治框架内调整各类市场主体的利益关系。“对内要以打破地域分割和行业垄断、清除市场壁垒为重点，加快清理废除妨碍统一市场和公平竞争的各种规定和做法。对外要大幅度放宽市场准入，扩大服务业对外开放，积极稳妥走出去，促进贸易和投资自由化便利化，推动经济全球化。”[②] 地方政府在营造公平竞争市场环境、优化营商环境方面承担着重要职责和任务，在政府提供的公共物品中，关键有两个方面作用：“一是提供使市场能够有效运转的规则；二是在市场不能发挥作用的地方，进行纠正性的干预。”[③] 将政府全部活动纳入法治轨道，必然要求地方政府做到：不越位，

---

① 习近平：《在主持召开中央全面依法治国委员会第二次会议上的讲话》，载《北京日报》2019 年 2 月 26 日第 1 版。

② 穆虹：《加快完善社会主义市场经济体制》，参见《党的十九大报告辅导读本》，人民出版社 2017 年版，第 233 页。

③ 智贤：《GOVERNANCE——现代“治道”新概念》，参见《市场逻辑与国家观念》，生活·读书·新知三联书店 1995 年版，第 55 ~ 56 页。

决不要再把那些政府不该管、管不了，实际上也管不好的事情揽在手里，而应交由市场按经济规律调节；不缺位，该由政府管的事情就要把它管住、管好，而不能由市场调节，放任不管；不错位，政府不能既当“裁判员”又当“运动员”。并且，“市场经济要求有一个统一、公开、公平、自由的市场环境，必须打破地方保护主义和各种地方壁垒，而当前地方法院体制上的弊端已使经济审判中的地方保护主义成了久治不克的顽症，体现在行政审判上则呈现出明显偏袒被告，使许多违法行政行为得不到制约，使一些市场经济主体的合法权益受到非法行政行为的侵害而无法获得司法救济和保护。”① 在现行行政审判体制下，法院已经成为行政案件的“利益攸关方”，法院不敢受理、不敢下判、违心下判的情况普遍存在，直接导致人民法院对地方政府机关难以有效监督。② 加快完善公平竞争市场环境，实现统一开放、有序竞争，不断优化营商环境，打破部门垄断和地方保护，推动形成权责明确、公平公正、透明高效、法治保障的市场监管格局，迫切需要我国尽快构建专门的行政法院体系，为市场经济健康持续发展提供坚实司法保障。

二、行政法院助力地方法治政府建设的作用机理

长期以来，由辖区法院审理以辖区行政机关为被告的行政案件，容易受到地方保护和行政干预的影响，导致行政诉讼出现“立案难”“审理难”“执行难”等突出问题。法律赋予人民法院监督行政机关依法行使职权的行政审判权一旦受到干预和影响，甚至在有的地方出现“失灵”状态，就会导致有的地方法院在监督地方政府行为时出现宽、松、软的现象。地方政府行为一旦冲出制度笼子，脱离行政审判监督，行政权力就容易被滥用，其危害决不能小觑。行政审判的司法监督在有的地方不够严格有力，甚至为违法行政行为放行或者背书，这是导致有的地方法治不彰、官民矛盾突出、司法公信力缺失的重要原因。行政法院之所以能够推动地方法治政府建设，关键在于其有一套特殊功能和运行机制。

---

① 陈有西：《我国行政法院设置及相关问题探讨》，载《中国法学》1995 年第 1 期。

② 江必新：《中国行政审判体制改革研究——兼论我国行政法院体系的基础、依据及构想》，载《行政法学研究》2013 年第 4 期。

（一）跨行政区划管辖行政案件，旨在消除地方保护和行政干预形成的“诉讼主客场”

目前我国法院的司法管辖区与行政区划高度重合，行政案件的管辖标准又基本沿袭民事诉讼管辖“原告就被告”的一般原则。《中华人民共和国行政诉讼法》第 18 条第 1 款规定：“行政案件由最初作出行政行为的行政机关所在地人民法院管辖。经复议的案件，也可以由复议机关所在地人民法院管辖。”行政案件由被告所在地的人民法院管辖，这无形中为辖区行政机关干预或者影响辖区法院审理以其为被告的行政案件提供了可能。特别是长期以来，法院赖以运转的人、财、物受制于地方政府，因之形成地方保护和行政干预下的行政审判地方化惯性思维无疑在短期内难以消除。探索设立跨行政区划的行政法院体系，其目的在于促使司法管辖区与行政区划适当分离，让行政案件管辖法院与被告行政机关不在同一个辖区范围内，这样一来作为被告的行政机关就难以对行政案件审理施加影响或者进行干预，而作为管辖法院可以依法独立公正行使审判权，让人民群众在每一个司法案件中感受到公平正义的司法目标实现就有了坚实的制度保障。

（二）实现行政案件专业化审判，以严格司法监督倒逼依法行政

行政执法专业化要求越来越高，行政案件作为行政法院专属管辖的专门案件，专业性强，迫切需要专业化审判。行政案件的专业性和政策敏感性强，往往一个案件的裁判结果就会对一个执法领域的政策标准产生重大影响，甚至导致废止或者调整，这不仅要求行政法官具有专门的审判知识和专业技能，还需要对行政执法领域有比较深入的了解和把握。特别是当前行政执法领域广，执法活动的新情况新问题纷繁复杂，通过专业审判实现依法保障行政执法活动顺畅，避免因就案办案对行政执法活动产生不良影响。行政审判专业化既是对合法行政行为的有力保障，又是对违法行政行为的有效监督，进而扎紧对行政权力进行司法监督的制度笼子。

（三）加快行政案件集中管辖，促进行政执法与司法标准统一

推动行政执法与行政审判标准统一，这是加快地方法治政府建设的重要基础。长期以来，由于行政案件管辖分布相对分散，案件分布极不均衡，由此导致行政审判资源配置不均衡。加之当前一些年轻法官刚刚着手办理行政

案件，对行政审判尚未积累较为成熟的办案经验，行政审判司法能力较弱，行政案件同案不同判的情形比较突出。行政机关作为执法机关，执法标准是统一的，而行政案件同案不同判则容易导致行政执法标准与行政案件裁判标准出现不一致甚至冲突，进而对行政执法产生不利影响，甚至造成执法混乱。解决行政执法标准与裁判标准不统一问题，关键要将行政案件集中管辖，将过于分散的行政案件和行政审判资源实现集中。将行政案件向行政法院集中管辖事实上就是撬开行政审判公正和效率的一根杠杆，事半而功倍，能提升抵御地方保护和行政干预的能力，提升行政审判法官整体素质，又能促进行政审判裁判标准与行政执法标准协调统一，实现行政执法与司法的良性互动。

（四）积极延伸行政审判职能，为地方法治政府建设拾遗补阙

《行政诉讼法》的立法宗旨和目的是有效解决行政争议，保护公民、法人和其他组织的合法权益免受违法行政行为的侵害，监督行政机关依法行政。人民法院与行政机关在服务人民的宗旨方面是完全一致的，人民法院只有把依法保护公民、法人和其他组织的合法权益作为行政审判工作的出发点和落脚点，落实“让人民群众在每一个司法案件中感受到公平正义”的目标，才有利于实现好、维护好、发展好最广大人民的根本利益；同时，人民法院与行政机关在追求法治目标方面也是一致的，人民法院只有在保护人民群众合法权益的同时，依法支持行政机关合法的行政行为，维护正常的行政管理秩序，才能服务保障社会治理现代化。在进行新的伟大斗争、伟大工程、伟大事业、伟大梦想征程中，人民法院和行政机关承担着推进全面依法治国的共同使命，在行政审判中，人民法院既要加强对行政行为的审查力度，履行好宪法法律赋予的审判职责，满足人民群众日益增长的法治需求，同时也要加强行政审判智库建设，围绕政府治理和经济社会发展中的热点、难点问题加强调查研究和破题攻关，为推进法治政府建设提供决策参考。通过依法参与地方重大建设项目、重大政策以及重大行政决策的法律风险评估工作，加强法律风险的分析研判，及时提供专业意见，提高重大行政决策法治化水平，从源头上预防和减少行政纠纷。围绕行政执法中的类案问题和风险短板，法院可以通过发送司法建议方式督促行政机关完善制度机制。在严格依法办案的基础上，充分发挥行政审判的决策咨询和司法建议功能，这是中国行政法院制度的独特优势，也是西方国家行政法院制度无法比拟的。

（五）落实以案释法制度，把每一次庭审办成法治公开课

旁听一次庭审，胜过听十次法治报告。旁听庭审可以让领导干部和公务员在现场亲身感受到法庭威严、司法权威、法治进步，在内心深处树立法治信仰。落实行政机关负责人出庭应诉制度，促进行政机关领导干部依法参加诉讼活动，通过以上率下模范带头作用，促进领导干部的法治思维和依法行政意识提升。通过落实法官以案说法，经常性地邀请行政机关领导干部和执法人员以及社会公众参加旁听庭审，将每一次庭审办成法治公开课，有助于提升领导干部的法治素养和社会公众的法治意识。长期坚持下去，通过法治润物细无声的作用，为法治国家、法治政府、法治社会一体建设营造良好的法治氛围。

三、当前行政审判助力地方法治政府的生动实践

当前人民法院行政审判工作以推进司法体制改革为根本动力，以执法办案为第一要务，以助力法治政府建设为基本着力点，行政审判取得新进展、实现新突破，人民群众获得感、幸福感和安全感明显提升。

（一）全面深化立案登记制改革，有效解决行政案件“立案难”“告状难”问题

新《行政诉讼法》实施以来，随着立案登记制改革落地生效，坚决清理限制和剥夺当事人诉权的“土政策”，严禁以任何理由随意限缩受案范围、违法增设受理条件，法院案件受理制度得到进一步完善，行政案件受理渠道畅通，对人民法院依法应该受理的案件，做到有案必立、有诉必理，解决人民群众屡受诟病的“立案难”“告状难”问题，行政诉讼案件数量大幅攀升，当事人诉权得到充分保障。据统计，2013 年全国法院受理一审行政诉讼案件 12. 3 万件，2014 年 14. 2 万件，2015 年新《行政诉讼法》全面实施后达到 22 万件，2016 年创历史新高为 22. 5 万件。行政案件的快速增长，反映了新《行政诉讼法》和立案登记制改革取得了显著成果，同时也说明人民群众越来越多地选择理性维权，主动放弃非正常上访或以极端的行为寻求救济的方式，对于形成全民守法的法治氛围具有重要意义。人民法院在支持、监督行政机关依法履职同时，积极支持和保障人民群众依法理性表达利益诉

求，注重加大释明引导和多元化解行政争议力度。坚决防范和治理恶意诉讼、滥用诉权问题，有效规范个别当事人长期缠诉闹访、扰乱诉讼秩序的行为。

（二）坚持严格司法，监督行政机关依法行使职权

行政案件涉及的行政管理领域较为广泛，涵盖房屋、土地、公安、林业、工商、农业、劳动和社会保障、教育、文化等诸多行政管理领域。其中，有近七成的一审行政案件发生在与民生相关的行政管理领域，表明涉民生行政案件仍是当前行政审判工作的重中之重。人民法院通过严格司法审查，不断加大对行政机关依法行政的监督力度，对于违法或者显失公正的行政行为判决撤销、确认违法或无效、变更或重新作出行政行为；对于行政主体行政不作为，依法判决其履行法定职责或确认违法，有效维护人民群众合法权益，有力促进行政机关依法行政，推动法治政府建设。法院对行政机关司法监督力度越来越大，法院在一审审结案件中判决行政机关败诉比率逐年上升，2016 年行政机关败诉率达到 13.37%，比 2012 年上升将近 6 个百分点。如果按照当前以一审实体判决案件数量来计算败诉比率看，2015 年行政机关一审实体败诉率为 31.02%，2016 年行政机关一审实体败诉率则为 31.45%。行政机关执法合法正确率与败诉率出现双提升趋势，这说明司法监督效果明显。[①] 行政机关败诉率提高反映出法院的司法监督更加有力有效，已经实现了倒逼行政机关依法行政的目的。

（三）依法公正审理财产征收征用案件，加大涉民生案件司法保障力度

棚户区改造、环境整治、土地房屋腾退搬迁、老旧小区综合整治等重点工程项目实施是民生工程，体现了以人民为中心的新发展理念。涉及棚户区改造项目的房屋征收拆迁补偿案件，涉及面广，直接关系民生，关系区域经济发展。法院在审理此类案件过程中，在严格依法办案的前提下，坚持快立、快审、快结，缩短审理周期，提高审判效率。加强征收拆迁矛盾纠纷的协调和解力度，遵循及时合理补偿原则，对房屋征收拆迁补偿标准明显偏低的，综合运用多种方式进行公平合理补偿，切实维护被征收人合法权益，促

---

① 程琥：《解决行政争议的制度逻辑与理性构建——从大数据看行政诉讼解决行政争议的制度创新》，载《法律适用》2017 年第 23 期。

进棚改房屋征收拆迁补偿纠纷实质性解决，依法保障棚户区改造重点工程项目顺利推进。

（四）加大绿色发展司法保护力度，为生态文明和美丽中国建设提供司法保障

坚持用绿色发展理念引领环境资源类行政案件审判工作，利用跨行政区划的行政法院职能优势，以环境司法工作为抓手，充分运用司法手段改善、减轻和消除破坏环境、污染环境的危害行为，着力化解与生态环境相关的行政争议，着力提高环境资源行政案件的专业化审判水平。法院在审理环境资源行政案件中，摒弃就案办案方式，加大协调和解力度，在利益平衡和有效维护社会公共利益的基础上，促使原被告之间达成协调和解协议，有效实现了环境资源行政案件的实质性解决，也有效避免了涉众群体上访等次生问题的发生，有力保障绿色发展理念落地生根。

（五）切实加强产权司法保护，促进经济社会健康持续发展

产权制度是社会主义市场经济的基石，保护产权是坚持社会主义基本经济制度的必然要求。依法公正审理行政协议案件，依法妥善处理历史形成的产权案件，推进法治政府和政务诚信建设。对因招商引资、政府与社会资本合作等活动引发的纠纷，认真审查协议不能履行的原因和违约责任，切实维护行政相对人的合法权益。对政府违反承诺，特别是仅因政府换届、领导人员更替等原因违约毁约的，要坚决依法支持行政相对人的合理诉求。对确因国家利益、公共利益或者其他法定事由改变政府承诺的，要依法判令补偿财产损失。

（六）加大行政诉讼调解和解力度，推动行政纠纷实质性解决

针对一些行政案件矛盾成因复杂、政策法律规定不明确、纠纷无法一次性解决等特点，继续重视行政案件调解和解工作，坚持实质性化解争议，提倡发挥法官的能动性、创新性，防止就案办案、机械司法，积极拓宽多元化解纠纷机制，力求“案结事了人和”。在调解、和解过程中，一些行政机关积极与当事人协商沟通，主动纠正违法行政行为，争取当事人的理解认同。人民法院在查清事实、分清是非、合法自愿，在不损害国家、社会和他人合法权益的前提下，积极开展行政赔偿、行政补偿以及涉及行政自由裁量权案

件的调解工作，从根本上解决争议，促进案结事了。行政机关依法行政、积极化解行政争议的意识和能力进一步提升。据统计，新《行政诉讼法》实施后，全国法院一审行政案件撤诉的比例虽有所下降，但仍在高位运行，2015年为21.35%，2016年为19.65%，占全部一审行政案件的五分之一。调解协调案件相对集中于房屋征收拆迁、要求履行法定职责、政府信息公开等行政管理领域。

（七）抓住“关键少数”以上率下作用，带动区域整体法治水平提升

行政机关负责人出庭应诉制度作为新《行政诉讼法》的一个重要制度创新，有助于提升行政机关依法行政的意识和能力、促进行政争议的实质性化解、树立行政机关良好的法治形象。实践证明，行政机关负责人出庭应诉，增强了行政机关依法行政的意识，从源头上预防和减少行政争议的发生；有利于行政机关负责人了解执法现状，推动生效裁判的及时执行；彰显了行政机关勇于接受监督、敢于承担责任的良好形象；缓解了“官”民矛盾，推动了行政争议的实质性化解。行政机关负责人出庭应诉改变了过去“告官不见官”的状况，充分展现了“关键少数”在全面依法治国中以上率下的引领示范作用，有力地带动了区域整体法治水平提升，树立了法治政府良好形象。

（八）注重履行法治宣传职责，大力推进阳光司法

通过邀请人大代表、政协委员旁听行政案件，互联网全程直播庭审等方式，增进人大、政协对行政审判的了解、理解与支持，自觉接受社会各界监督。加强诉讼服务中心建设，通过网络、电视、报纸、微信、微博等形式向社会发布典型案例、工作动态、经验成果，发挥行政审判的规则引领作用，拓展司法裁判示范功能。通过“12368”电话语音系统、手机短信、电子触摸屏等现代信息技术平台，公开审判流程信息。在各立案窗口免费提供试点资料，指导当事人正确行使诉权。依托常态化庭审公开着力打造依法行政教育基地，推动领导干部、一线执法人员、社会各界群众参加庭审观摩活动并座谈交流，把公开庭审打造成全民共享的法治公开课。

（九）积极延伸审判职能，深化依法行政与公正司法的良性互动机制

人民法院加强与政府法制部门、行政执法机关、信访部门的经常性工作

联系，通过召开联席会议等方式通报涉诉情况和存在的突出问题。依法参与重大建设项目和重大政策的社会稳定风险评估工作，重点加强法律风险的分析研判，有针对性地提出有效防范法律风险、超前预防行政争议发生的相关意见建议，为党委政府决策提供参考，助力法治政府建设，从源头上预防和减少行政纠纷。加强司法建议工作，及时就行政执法存在的突出问题向行政机关提出司法建议。建立常态化的沟通联络机制，采取巡回走访座谈方式，对症下药帮助解决地方政府在推进依法行政工作中遇到的相关疑难问题。有效发挥行政审判白皮书功能作用，发布行政案件年度审查报告及典型案例。

（十）发挥跨行政区划法院独特职能优势，人民群众获得感、幸福感、安全感明显增强

探索设立跨区法院目的在于消除地方保护和行政干预形成的诉讼“主客场”问题。在严格司法监督下，行政机关依法行政的能力和水平大幅提升，尊法、学法、守法、用法意识明显增强。以严格司法监督换来依法行政提速增质，行政机关负责人出庭应诉主动性、自觉性明显增强，依法决策、科学决策、民主决策加强，行政行为规范化加大。以建设智慧法院为依托，通过网上立案、巡回审判等方式，更好地方便群众诉讼，为履行跨区法院职能提供科技支撑。人民群众在行政诉讼中的获得感、认同感和满意度明显增强，人民群众依法理性维护自身权益意识明显增强，出现了“三降一升”，即上诉率、改判发回率、申诉率下降，服判息诉率上升的良好发展势头。

四、行政法院助力地方法治政府建设亟须破解的重大课题

推动地方法治政府建设离不开一套严密的法治监督体系，其中行政审判是对地方政府权力进行司法监督的重要一环。实践证明，自《行政诉讼法》实施以来近 30 年时间里，行政审判对推进地方法治政府建设，保护群众合法权益，化解行政争议等方面发挥了重要作用。同时，也应当看到，“在目前司法严重受制于行政的体制下，行政审判较之其他案件更容易受到行政干预，而行政审判庭只是法院内部的一个部门，在实践中法院领导往往从整个法院与政府及其他机关的关系出发考虑行政审判，而难以把行政审判置于司法权对行政权的合法性监督的应有视角考虑，行政审判摆脱行政的干预在法

院内部得不到足够的重视和支持。"① 并且，"由于我国的司法管辖区与地方行政区合二为一，人、财、物又都依附于地方，受制于地方，行政审判机构和审判人员很难保证司法的天平不因金钱的砝码而失去正义的平衡。"② 总之，由于我国现行行政诉讼制度设计中，人民法院行政审判权行使受到诸多限制，难以抗衡过于强大的行政权，加之我国司法体制面临的行政化和地方化问题，作为法院容易受到行政干预，行政诉讼既存在先天制度供给不足问题，又遇到后天共性的行政干预问题，行政审判权难以对行政权实施有效的监督制约。③ 当前，行政审判体制改革的重中之重在于尽快在行政案件跨区域集中管辖改革、跨行政区划法院改革、行政法院改革三者之间作出理性选择，为党的十九大提出的"到2035年，法治国家、法治政府和法治社会基本建成"的新目标实现提供坚实的司法保障。

（一）现行行政审判体制下的改革探索与成效

1. 行政案件跨区域集中管辖

针对行政案件原则上由被告行政机关所在地法院管辖，可能受到当地行政机关干预的问题，人民法院按照中央统一部署，积极探索建立与行政区划适当分离的行政案件管辖制度，通过提级管辖、异地交叉管辖、相对集中管辖等多种形式，探索各具特色的管辖制度改革，取得明显成效。2013年，最高人民法院在部分中级人民法院开展行政案件相对集中管辖试点。党的十八届三中全会提出"探索建立与行政区划适当分离的司法管辖制度"和党的十八届四中全会提出"完善行政诉讼体制机制，合理调整行政诉讼案件管辖制度，切实解决行政诉讼立案难、审理难、执行难等突出问题"的改革要求。2014年11月1日，新修订的《行政诉讼法》第18条第2款规定，经最高人民法院批准，高级人民法院可以根据审判工作的实际情况，确定若干人民法院跨行政区划管辖行政案件。2015年6月17日，最高人民法院下发了《关于人民法院跨行政区域集中管辖行政案件的指导意见》，要求各高级人民法院结合本地实际制定改革方案，积极慎重推进行政案件跨行政区划集中管辖

---

① 马怀德：《司法改革与行政诉讼制度的完善》，中国政法大学出版社2004年版，第40~41页。

② 宋智敏：《西方行政诉讼的主管机关——兼论对我国行政诉讼制度改革的启示》，载《法学评论》2011年第3期。

③ 程琥：《我国行政诉讼制度司法困境与出路》，载《中共浙江省委党校学报》2014年第4期。

改革。上述规定为行政案件跨行政区划集中管辖提供了明确的法律和政策依据。截至2015年，除西藏和安徽以外，全国其余29个省、市、自治区以及新疆生产建设兵团分院均开展了不同形式、不同程度的行政案件跨区划集中管辖改革试点工作，行政案件集中管辖改革推动行政诉讼受到的干预明显减少，案件质量显著提高。从全国行政案件跨区域集中管辖改革试点情况看，行政案件区域集中管辖存在着一些问题亟须解决。由于受机构、编制、职级等各种因素的制约，行政案件集中管辖改革面临一系列困难，出现“案件集中易、法官集中难”问题，形成“有的地方有人无案办、有的地方有案无人办”的被动局面。此外，司法管辖区和行政管理区适当分离后，一些部门对行政案件引发的信访问题相互推诿，导致案件审理后的信访压力全部集中在受理案件的法院。[①] 因此，从长远来看，行政案件跨区域集中管辖改革属于过渡性制度安排，不能替代行政审判专门法院设置。[②]

2. 跨行政区划人民法院

党的十八届三中全会提出的“探索建立与行政区划适当分离的司法管辖制度”，党的十八届四中全会进一步明确提出：“探索设立跨行政区划的人民法院和人民检察院，办理跨地区案件”。习近平总书记在党的十八届四中全会《决定》的说明中指出：“随着社会主义市场经济深入发展和行政诉讼的出现，跨行政区划乃至跨境案件越来越多，涉案金额越来越大，导致法院所在地有关部门和领导越来越关注案件处理，甚至利用职权和关系插手案件处理，造成相关诉讼出现‘主客场’现象，不利于平等保护外地当事人合法权益、保障法院独立审判、监督政府依法行政、维护法律公正实施。”“探索设立跨行政区划的人民法院和人民检察院。这有利于排除对审判工作和检察工作的干扰、保障法院和检察院依法独立公正行使审判权检察权，有利于构建普通案件在行政区划法院审理、特殊案件在跨行政区划法院审理的诉讼格局。”因此，设立跨行政区划法院的目的在于解决有关部门和领导插手案件处理，导致有关诉讼出现“主客场”问题。2014年年底，根据中共中央的统一部署和最高人民法院的部署要求，北京市第四中级人民法院、上海市第

① 最高人民法院院长周强2015年11月2日在十二届全国人大常委会第十七次会议上作关于行政审判工作情况的报告。

② 程琥：《行政审判专门法院：行政诉讼体制改革的关键》，载《学习时报》2015年10月29日第4版。

三中级人民法院依托铁路运输中级法院相继成立，成为首批跨行政区划的试点法院。北京、上海两地跨行政区划法院成立后，初步构建起了“普通案件在行政区划法院审理、特殊案件在跨行政区划法院审理”的诉讼格局。2015年，北京市第四中级人民法院共受理以区级政府为被告的一审行政案件1397件，占受理案件总数的73.8%；是2014年全北京市法院受理同类行政案件总数216件的6.5倍，占2015年北京全市各中级人民法院受理一审行政案件（不包括北京知识产权法院受理的知识产权行政案件）总数的54.27%。2016年，该院受理一审行政案件2893件，比2015年又增长107.09%，达到2014年同类案件总数的13.4倍。上海市第三中级人民法院因与上海知识产权法院合署办公，受理行政案件的比例相对低一些，2015年共受理行政案件610件，占受理案件总数的20.24%。实践已经证明，跨行政区划法院在保护行政相对人合法权益、促进行政争议实质性化解、推动法治政府建设方面显示出越来越突出的作用和成效。当前跨行政区划人民法院存在着一些突出问题需要破解。一是功能定位问题。跨行政区划法院是综合性法院还是专门法院，目前定位并不明确。二是案件管辖问题。跨行政区划法院应当管辖哪些类型特殊案件，目前并不清晰。三是组织体系问题。跨行政区划法院组织体系如何构建，跨行政区划法院与专门法院、行政区划法院、最高人民法院巡回法庭之间属于什么关系，目前并不明确。四是管理体制问题。跨行政区划法院的人财物如何管理，目前并不清晰。总之，目前跨行政区划法院改革由于缺乏明确法律依据，还有不少问题需要进一步研究明确，这些问题都制约了跨行政区划法院改革深化。

（二）在改革试点基础上构建跨行政区划的专门行政法院体系

在我国推进国家治理现代化过程中，对于我国设置行政法院的问题，一直存有争议。一些反对的观点认为，在现行行政审判体制下，不应将行政诉讼制度走出困境的希望完全寄托在行政法院的设置上，行政法院无法从根本上解决问题。有的反对观点甚至认为，等国家治理现代化实现以及司法改革完成后，人民法院面临的共性问题解决了，设置行政法院也就没有多少必要了。针对这些反对观点，应当说我国行政法院设置不能坐等机会丧失，而应该在国家治理现代化过程中积极推进尽快设置行政法院，可以把设置行政法院作为推进司法改革甚至政治体制改革的突破口。① 设立专门行政法院，核心问题是打破现行司法管辖区与行政区划完全对应的体制，将法官任免、经费保障上提到省级、中央层面掌控，确保其能彻底摆脱地方政府的非法干预和掣肘，依法独立、公正地行使审判权力。具体方案有二。

方案一：设置跨行政区划的专门行政法院。在全国建立一套直接受最高人民法院监督指导的跨行政区划的专门行政法院系统，集中管辖行政案件。根据案件数量、经济社会发展、历史渊源和交通状况，设立省级行政法院、跨省行政法院。具体来说：①省级行政法院。在改造现有铁路运输法院、海事法院、林区法院等专门法院的基础上，在每个省、自治区、直辖市设立一个省级行政法院，集中管辖一审行政案件，并将转制移交地方管理的基层专门法院改造为省级行政法院的派出法庭或巡回法庭，充分利用现代信息技术，通过远程立案、远程审判、网上送达，解决当事人诉讼不便问题。省级专门行政法院属于一审的中级法院建制，规格不低于所在地中级法院级别（一般为副厅级）。②跨省行政法院。在全国设立华北、东北、华东、华中、西北、西南、华南 7 个跨省行政法院，集中管辖行政上诉案件。跨行政法院属于二审的高级法院建制（副部级）。③省级行政法院的派出法庭或巡回法庭。在原基层专门法院的基础上，可以在省内设立若干巡回法庭或派出法庭，作为省级行政法院的派出法庭或巡回法庭。④人员任免。省级行政法院的法官由法院所在地的省级人大常委会任免，跨省行政法院的法官由全国人大常委会任免。⑤保障机制。省级行政法院的经费由法院所在地的省级财政保障，跨省行政法院的经费由中央财政保障。

方案二：设置综合性专门法院（跨行政区划法院）。在全国建立一套直接受最高人民法院监督指导的综合性专门法院（跨行政区划法院）系统，集中管辖行政案件、知识产权案件、环境资源案件、金融案件、涉外商事和海事案件、容易受到地方保护和行政干预的跨地区重大民商事案件等特殊案件。①跨行政区划法院。以现有的跨行政区划法院（北京市第四中级人民法院、上海市第三中级人民法院）、铁路运输法院、海事法院、林区法院等专门法院为基础，在全国范围内统筹使用现有的专门法院审判资源，在不增加机构、不增加编制的情况下，通过置换审判队伍，在每省设置与案件数量相适应的跨行政区划法院作为重大特殊案件的初审法院。跨行政区划法院属于

---

① 程琥：《国家治理现代化与我国行政法院设置问题研究》，载《法律适用》2015 年第 2 期。

一审的中级法院建制，规格不低于所在地中级法院级别（一般为副厅级）。②跨行政区划的上诉法院。将最高法院六个巡回法庭，改造为跨行政区划的上诉法院，在华北、东北、华东、华中、西北、西南、华南设立7个跨行政区划的上诉法院，跨行政区划的上诉法院属于二审的高级法院建制（副部级）。③跨行政区划法院的派出法庭或巡回法庭。在原基层专门法院的基础上，可以在省内设立若干巡回法庭或派出法庭，作为跨行政区划法院的派出法庭或巡回法庭。④人员任免。跨行政区划法院的法官由法院所在地的省级人大常委会任免，跨行政区划的上诉法院的法官由全国人大常委会任免。⑤保障机制。跨行政区划法院的经费由省级财政保障，跨行政区划的上诉法院由中央财政保障。

综合上述两种方案，从战略高度和长远角度出发，未来设立与行政区划相分离的行政法院体系具有现实必要性和可行性。比较各国设立行政法院的三大模式，在最高人民法院之下建立一套受其监督指导的专门行政法院系统最符合我国宪法的规定。[①] 因此，方案一更有助于推动国家治理体系和治理能力现代化，推动行政审判体制改革，推动法治政府建设，有必要作为设置行政法院的首选方案。设立全新的行政法院体系，必须坚持以习近平新时代中国特色社会主义思想为指导，坚定不移地走中国特色社会主义法治道路，坚持党的领导、人民当家做主和依法治国的有机统一，遵循司法规律，充分发挥专门行政法院在推进国家治理体系和治理能力现代化中的重要作用，保证专门行政法院改革始终沿着正确政治方向前进。

（程琥，法学博士、社会学博士后、北京市第四中级人民法院副院长）

---

① 江必新：《中国行政审判体制改革研究——兼论我国行政法院体系的基础、依据及构想》，载《行政法学研究》2013年第4期。

城市化进程中南京江北新区矛盾纠纷化解研究

王亚明

【内容摘要】南京江北新区在城市化进程中，矛盾纠纷增长较快，表现为法院诉讼案件增长显著，特别是离婚案件、民间借贷纠纷、交通事故纠纷、物业费纠纷、房屋买卖纠纷大量增多。环境污染引发的矛盾加剧，企业改制引发纠纷凸显，城市规划引发新的矛盾和问题，教育资源配置不足引发“上学难”等问题。江北新区在城市化进程中矛盾纠纷增多对江北新区的各项工作带来挑战，如审判送达难问题、城市拆迁改造问题、矛盾纠纷化解力量整合不足问题、信访隐患大的问题。江北新区矛盾纠纷增多有独特的社会成因，主要体现在七个方面：一是社会主体由稳定性向流动性转变；二是社会生活由同质性向异质性变化；三是社会关系由熟悉型向陌生型转变；四是社会空间由地域性向公共性转变；五是社会结构由紧密型向松散型转变；六是社会文化由前喻文化向后喻文化转变；七是社会治理由权威性向碎片性转变。解决矛盾纠纷要关注纠纷解决的权威生成要素，江北新区的纠纷解决要与社会治理现代化同步推进，重点抓好三大工程：一是大力推进社会治理能力现代化的转型升级；二是发挥法治高端人才的辐射带动作用；三是优化区域法治发展环境。

【关键词】江北新区　纠纷　问题　权威　路径

随着南京江北新区的发展，南京江北地区城市化进程加快，大量人口向江北新区集中，随着城市人口密集，带来了社会资源配置及治理机制运行不畅问题，社区内部不同阶层群体关系发生重构，[①] 不同的阶层对公共服务资源、法律服务资源的需求越来越得不到满足。另外，高速城镇化给街道及社区治理带来了诸多难题，引发了不少矛盾纠纷，如城市暴力兴起、群体性事

① 马长山：《农业转移人口公民化与城市治理秩序重建》，载《法学研究》2015 年第 1 期。

件易发等问题，城市化带来的治理困境及其转型是世界各国发展普遍面对的问题。[①] 江北新区也不例外，为找到江北新区矛盾纠纷化解之道，笔者成立调研组，针对城市化进程中江北新区矛盾纠纷化解情况进行了专项调研，形成此调研报告。

一、江北新区成立以来矛盾纠纷现状：从诉讼的视角

江北新区自2015年7月成立以来，在南京江北地区兴起了开发开放的新高潮，不仅为南京江北地区带来了开放发展的新机遇，也大大加快了南京江北地区城市化的进程。目前南京江北新区核心地带绝大部分地域在浦口区，一小部分在六合区及栖霞区。为了便于研究江北新区矛盾纠纷数量及化解情况，调研组以浦口区法院审理的案件情况为主要数据来进行分析（因为江北新区没有单独成立辖区法院，涉江北新区案件主要在浦口区法院审理）。根据浦口法院对涉江北新区案件的粗略统计，江北新区矛盾纠纷涉及诉讼案件占浦口法院审理案件数的55.4%～57.5%。

自江北新区成立以来，矛盾纠纷整体呈现上升态势，管辖江北新区诉讼案件的浦口法院案件数量也大幅增长，主要体现在如下五类案件增加较快（具体见表一）。

（一）离婚及离婚后财产纠纷猛增

在2016年浦口法院受理此类案件1763件，达到历史极值。三年来离婚案件总数最多，达3977件。离婚案件增加的原因在于浦口在江北新区成立后开始了城市化建设及改造工程，大量当地居民因旧城改造及新区规划面临拆迁问题，通过办理离婚手续，拆迁户可多得到安置住房，因江北新区在成立后房价大涨，导致拆迁户为获得较多房屋而“自愿”离婚。2017年以来，为维护国家及公共利益，防止因拆迁而随意离婚，浦口区法院加大了对离婚条件的审查力度，对于感情没有破裂，达不到离婚条件的坚决不准许离婚，从而遏制了离婚案件的上涨势头，使离婚案件数量回归到正常水平。

---

① 亨廷顿：《变化社会中的政治秩序》，生活·读书·新知三联书店1989年版。

（二）民间借贷纠纷较多

江北新区成立后，人流量增加，当地因经济发展导致资金融通需求增多，在国家宏观金融管理“去杠杆”的情况下，金融机构贷款审查较严，成本增加，民间借贷渠道开始活跃，从而导致此类矛盾纠纷增多。

（三）机动车交通事故纠纷增长较快

随着江北新区的建设及开发，人员车辆增多，交通运输系统还未完全成型，各项交通设施还在规划建设阶段，因此存在各种交通堵点和痛点。再加上江北新区连通安徽滁州地区，外来流动车辆较多，增加了交通运输管理的难度，使此类案件呈稳步上升态势。

（四）物业纠纷矛盾凸显

物业纠纷的矛盾原因在于两个方面：一是物业费征收的困难导致物业纠纷增多。虽然在江北新区成立以前江北也开发建设了很多商品房，但是房价低，购买人群普遍收入不高，导致缴纳物业费不及时。在江北新区成立后，商品房销售随着房价上涨增加快，但是投资客多，入住率低，导致物业费缴纳不及时带来的物业纠纷增多。二是物业服务水平与当地经济发展不相适应。随着居民素质的提高，对物业服务水平有了新要求和新期待，而当地很多商品房大楼盘还保持着10年前的物业服务水平，房屋销售价格却增长了近10倍，业主对低档物业服务不满意，导致物业费征收困难，引发物业诉讼。

（五）房屋买卖纠纷增多

随着江北新区成立，人们对该地区发展有着较高的期望值，因商品房价格上涨较快，商品房投资客大幅上升，随着国家对商品房销售的调控措施不断升级，人们在关注升值预期的同时，对房屋质量的要求和关注增加，在房屋购买中的矛盾也随之增多，如因房屋贷款问题、购房资格问题、房屋质量问题、精装房的交付标准问题都会引发各种矛盾纠纷。

表一 城市化进程中典型案件数量统计表

单位：件

案由	2015 年 7—12 月	2016 年	2017 年	2018 年 1—8 月	合计
民间借贷	219	1157	1272	924	3572
物业纠纷	153	1239	1082	666	3140
机动车交通事故纠纷	229	1118	1068	787	3202
离婚及离婚后财产纠纷	302	1763	1164	748	3977
信用卡纠纷	0	1	10	24	35
房屋租赁纠纷	76	245	273	211	805
生命权、健康权、身体权纠纷	38	170	146	123	477
金融借款纠纷	0	123	136	88	347
房屋买卖纠纷	859	769	926	446	3000

（2015 年 7 月—2018 年 8 月 31 日）

（六）环境污染导致的矛盾

在江北新区的化工园区有南化、南钢等老工业企业，这些企业对居民的生活环境带来不利影响。目前（2018 年，下同）这些企业集中在大厂地区，随着江北新区的开发，当地居民以环境污染为由要求整体拆迁。客观来看，大厂地区确实有的地方不适合居住，如化工园区，当地种植的蔬菜及树木时常发生非正常死亡。有的地方的居民经常以环境污染为由堵住企业的大门，要求进行生态补偿，如六合龙池街道某社区发生过数百人围堵化工园大门现象，坚决要求拆迁，处理非常困难。因为拆迁需要资金，开发建设也需要一个过程，不能一蹴而就。在不能满足居民拆迁或补偿要求的情况下，因环境污染导致的此类现象无法避免。

（七）企业改制带来的矛盾

江北地区在 2000 年前后，国有大型企业陆续进行了改制，改制后，参加改制的职工看到现在的企业效益好，在岗职工收入高，心理产生不平衡，因此发生群体上访事件。有的职工在事业单位身份改成企业身份后，因收入下降等原因要求恢复事业单位身份。如南京钢铁集团因改制带来的矛盾纠纷问题，原来南钢集团的职工认为改制不符合规定，导致国有资产贱卖，有 10

多人集中进行上访投诉。2018 年 4 月 29 日，曾经发生过近百名职工从南京钢铁集团总部出发准备去沿江大道堵路被阻截。目前该上访群体仍活动频繁，带来新的社会不安定因素。

（八）城市规划带来的矛盾

目前这种矛盾集中出现在浦口地区，在浦口部分地段，因为城市规划不科学，道路建设与小区居民距离太近，随着江北车流量增大，噪音增大，不适合居住，购买房屋的业主认为开发商未讲明道路规划就建设商品房销售，侵犯了群众的知情权，且现在已经无法更改，业主开始闹事信访，要求解决问题或者赔偿。

（九）因教育资源短缺问题产生的矛盾

这类问题在南京桥北地区较为突出。由于南京桥北地区建设速度快，居民入住率高，教育资源配套不足问题暴露的比较早。因居民增多，子女入学困难现象比较突出，原有的小学满足不了新居民子女入学的要求，新区安排他们到别的地方入学，但是由于江北新区教育资源不均衡，好学校不多，居民对新学校不认可，对教育政策不满意。目前江北新区有 39 个教育项目在建，但完工及使用还有一个过程，目前该矛盾在逐步缓解。

除了上述涉民生案件增多外，随着江北新区建立，人们对江北新区充满了发财的梦想和欲望，传销刑事案件开始出现，每年有 70 ~ 80 件，原因在于江北很多楼盘空置房较多。如苏宁天润城等规模比较大的楼盘，很多外地人租用空房进行传销活动，集中进行投资洗脑，由于社区治理没有及时到位，导致传销犯罪在当地屡屡打击不止，给当地社区治理带来新挑战。[①]

江北新区矛盾纠纷的增多，不仅体现在上述涉及民生类的案件数量上涨，还体现在浦口区法院每年受理案件数的上升上。具体见表二。

---

① 搜狐网：《江北新区警方捣毁传销窝点 185 个》，江北新区打击传销力度不断加大，2018 年 9 月 19 日公安江北新区分局会同浦口分局对南京桥北地区 185 个非法传销窝点开展集中收网行动，查获涉嫌传销成员 532 名，其中骨干成员 122 名，涉案金额 9000 余万元。http://www.sohu.com/a/255284296_100011656。

表二：浦口区法院2015年7月—2018年8月案件统计表

单位：件

2015年7—12月		2016年		2017年		2018年1—8月	
收案数	结案数	收案数	结案数	收案数	结案数	收案数	结案数
7076	8461	19 311	15 758	20 419	16 879	14 525	10 179

收案数包含旧存案件，即上一年度受理后未能当年审结的案件。浦口区法院每年旧存案件都是三千多件，变化不大。

从表二不难发现，自江北新区成立后，南京浦口区法院案件收案数稳步上升，根据浦口区法院审管办统计数据，2016年收案数比2015年收案数增加9985件，同比上升107%，案件净增加数居南京基层法院前列。2016年浦口区法院全年结案比2015年增加2521件，同比上升19%，江北新区成立后矛盾纠纷爆发明显。2017年随着江北新区各项改革措施的推进，社会发展及生活走向正轨，矛盾纠纷趋向平稳，案件呈现小幅上涨，收案数同比增加1108件，结案数同比增加1121件，收结案变动呈现平稳态势。

二、江北新区城市化进程中矛盾纠纷化解面临的问题

（一）法院审判面临新挑战

自江北新区成立以来，案件数量上升，法官疲于奔命，员额法官人均案件300件以上，由于审理时间短、任务重，导致审理粗糙，法官没有时间做调解工作，一审案件被二审法院发回重审及改判案件增多，影响了案件的审理质量。

（二）在城市化进程中因外来人口增加，带来送达难题，影响了审判效率

由于地处城乡发展结合部、两省交界地带，很多交通事故、民间借贷的当事人都是流动人口，居无定所，导致法院审理案件时送达困难。很多新楼盘也是其老城区居民过来购买，但并未居住，空置房多，导致物业纠纷送达也很困难。当地拆迁人口多，居住安置变化快，也加剧了送达难题。法院70%的诉讼案件都要通过邮寄或公告送达，不仅影响了案件审理的效率，因当事人送达不到无法到庭，也影响了法官对案件事实的查明，导致有的案件

需要反复开庭（如民间借贷纠纷）。

（三）城市化进程中的拆迁工作引发的纠纷值得关注

拆迁是城市化进程中必然要开展的工作，拆迁不仅改变了城市的面貌，也改变了城乡不同人群的利益分配格局，带来新的利益调整。江北新区需要拆迁的工程巨大，影响的人群也多，因拆迁而离婚的现象在南京其他地区早已存在，家事财产纠纷也随之增多。如因拆迁房屋原户主去世，子女对房子产权分配的争议问题；拆迁房屋引发的租金问题；公租房转让使用权未办理过户手续引发的拆迁款纠纷。还存在农村集体土地房屋转让给集体土地之外人员，因房屋拆迁与原房主签订协议，与新房主产生矛盾纠纷的问题。另外，农村宅基地房地产证发放问题，因为户主去世容易引发兄弟姐妹之间的矛盾，尤其在拆迁利益较大时。在房屋拆迁后，异地安置还带来户籍问题，由于六合与浦口发展差异大，江北的拆迁户在房屋安置到六合时，普遍不愿意把户籍迁到六合，而愿意把户口保留在浦口，这就带来治安管理与户籍严重不一致的问题，会影响到拆迁安置户的落户、养老、医疗、子女入学等各个方面，会引发各种矛盾纠纷。

（四）诉调对接及多元化解矛盾纠纷缺乏力量整合

目前，江北新区对下辖街道进行实际管理，但是江北新区不是法定的行政区域，成立的机构实行扁平化管理，不同于浦口区、六合区等传统的行政管理模式，这就给诉调对接及矛盾多元化解带来新挑战。因为管理机构不同、机制不同，且江北新区产生的矛盾纠纷没有对应的江北新区法院，导致浦口区法院、六合区法院、栖霞区法院在审理涉江北新区案件时，无法与江北新区建立有效的诉调对接及矛盾纠纷化解机制。江北新区综合治理局虽然有专门的司法办（类似于区司法局），并建立了劳资、卫生、环保、交通、物业等纠纷调解组织，同时开展了公调对接、检调对接、诉调对接工作，但是存在人民调解员年龄偏大、数量不足、调解员补助不高的问题，制约了人民调解员的工作积极性。同时江北地区的人民调解员与南京江南城区的调解员素质存在一定差距，影响了调解效果。另外通过调研发现，江北新区管委会综治部门与六合法院开展的多元纠纷化解工作比较充分，纠纷解决效率及质量较高，与浦口法院在诉调对接及矛盾纠纷多元化解上衔接不够，化解还仅仅是形式或停留在制度层面，化解效果还没有体现出来，矛盾纠纷多元化解机制还有较大的潜力可以挖掘。主要是因为管理机构、管理模式的不同，对接机构的多元，增加了诉调对接的阻力和多元化解矛盾的成本。目前江北新区针对重点信访人员启动司法救助，虽然给浦口区法院、六合区法院提供了一些司法救助资金，针对重点案件加强协调联系，但目前缺乏正规化常态化的工作机制，双方的人事关系完全分开，需要由更高层级的部门来协调解决。

（五）社会管理及综合治理工作面临挑战

目前，江北新区管委会既有社会民生工作，又有信访维稳及应诉工作，还有各种突发应急事件协调。但在社会管理及综合治理中存在部门不对应、职权不协调的问题。由于江北新区采取扁平化管理，没有政法委等机构，也没有专门的江北新区法院、检察院、公安分局，这就为江北新区综合治理带来协调成本较高的问题。因为虽然江北新区有直管街道，还有协管地区，对于直管街道，江北新区比较容易协调处理，但由于江北新区地域广阔，对于非直管街道辖区，社会管理及综合治理需要协调不同的区级单位和街道，协调管理成本较高。如龙池石榴社区环境污染问题，因为行政区划涉及六合浦口两个行政区，处理起来政策不同，信访化解难度很大，南京市委、市政府对新区信访工作要求高，江北新区接待人员不足，市里按照行政区标准考核江北新区不合理。导致江北新区虽然实现了扁平化管理，但还要按照传统垂直考核的要求来做，江北新区人员编制较少，但区域面积较大，江北新区负责信访维稳工作的同志明显感觉力不从心。另外，南京江北新区因为不是专属的行政区划，对于辖区街道涉诉案件，既可能到六合法院诉讼，又可能到浦口法院诉讼，存在多头诉讼管辖，存在裁量尺度不统一的问题。另外，由于江北新区涉及浦口的地方开发较为成熟发达，涉及六合的地方可能还处在城市化过程中，且存在涉农街道，这就会带来劳动用工成本、拆迁建设成本等差距较大的问题，江北新区难以做到统一平衡、统一管理，会导致各种突发事件，存在着安全隐患。

（六）信访案件较多，信访隐患较大

2018 年 8 月开始，江北新区独自处理自己的信访案件。信访范围较大，涉及农业、教育、道路、社保、城市管理环境污染等问题。信访主要反映的是发展不平衡、不充分的问题，2018 年有 300 多件信访案件，信访总人数达

到3000~4000人，如拆迁诉求过高、缠访闹访问题，经过初步统计，六合、浦口地区60%~70%的信访矛盾集中在新区。

三、江北新区在城市化进程中矛盾纠纷多发的社会成因

江北新区在城市化进程中，社会结构、社会关系、治理模式发生了巨大变化，原有的社会关系及治理模式已经不能适应新时代的需要，从而导致社会矛盾纠纷的增多，社会关系及治理模式的转变具体表现为如下几个方面。

（一）社会主体由稳定性向流动性转变

在传统江北地区，除了浦口大桥至泰山新村一带城市化水平较高之外，其他地方主要为城郊结合地带，农民及外来人口相对较少，江北居民一般也不以南京市民自居，很多农民以土为生，与土为伴，生活相对稳定，他们日出而作，日落而息，心无旁骛地在村庄中生活。20世纪80年代后期开始，越来越多的农民放弃对土地的依赖，以廉价劳动力的形式进入城市，寻求新的发展空间，以此来改善自身的经济与命运，农民由稳定性向流动性转变。这种转变，既表现为水平空间上的跨区域跨领域，也表现为垂直空间上贫富差距带来的阶层变化。江北新区成立后，大大改变了江北居民的组成和面貌，江北流动人口增多，城市新居民增多，江北传统居民因拆迁而变动较大，南京城区居民来江北就业居住的人数增多，外来投资人口也在增加，社会主体稳定性丧失，流动性增加，不仅增加了江北新区的活力，也激发了创新创业的热潮。

（二）社会生活由同质性向异质性变化

随着南京江北地区的发展和江北新区的成立，江北地区传统的生产生活方式正在发生变化，原来的田园牧歌式生活正在被钢筋水泥森林、现代化的工厂、制造业打破，江北新区超前的规划设计改变了江北传统上落后、污染严重、金融服务业不发达的状况，传统乡土社会的生活由同质性向异质性转变。这种异质性来源于不同地区之间、城市与农村之间生活方式的交汇，来自于经济建设大干快上的地理变迁。随着现代服务企业、金融企业入驻江北新区，人们对生活和就业的选择更加丰富，生活的质量也随着建设水平逐步

提高，也使江北新区的治理变得更为复杂。

（三）社会关系由熟悉型向陌生型转变

传统的江北地区，除了农民及少量居民外，主要是几个大型企业。在南京城区合并之前，江北由浦口区、大厂区组成，其余部分为郊县。以前的浦口区、大厂区人口少，高校也不多，社会关系主要是世代聚族而居的熟人社会，它通过加强人际关系和相互信任引导熟人之间相互自愿合作。随着江北新区成立后农民工的流动、乡村旅游的发展、城市建设的扩容，江北地区的社会关系由熟悉型向陌生型转变。这种转变逐渐打破了熟人社会的秩序，在熟人社会里，人与人之间的交往靠的是诚信；在陌生人社会里，人与人之间的交往靠的是契约。如何让传统的诚信与现代的契约在江北新区社会治理中共同发挥作用，是需要认真探讨的课题。

（四）社会空间由地域性向公共性转变

传统村落的传统农业，功能定位为单一种养业。随着农业多功能性的逐步显现和乡村旅游的蓬勃发展，农业大步走出第一产业，融合第二、第三产业协同发展，加上发达的交通通信助力，乡土社会的社会空间由地域性向公共性转变。这在江北新区表现得尤为明显。观光农业、休闲农业、都市农业、智慧农业等各种农业新业态在江北新区方兴未艾，农业生产的场地成了人们观光旅游休闲的好去处，农业生产的方式成了人们科普、体验的新追求，农业生产的环境成了人们体悟人生、享受生活的理想地。乡村旅游成为江北新区发展的重要基地和新型城市化平台。开放的乡土社会空间为现代文明的注入打开了通道，拓宽了领域，为江北新区的开放包容提供了广阔空间。

（五）社会结构由紧密型向松散型转变

传统的江北社会是一个熟人社会，在这个熟人社会中，人情是一种交往方式，是社会结构紧密的黏合剂；家园红利是一个熟人社会长期积淀的福利，具有很强的向心力、凝聚力、归属感，是“故土难离”“叶落归根”的原因所在。近些年来，由于江北地区大量拆迁，外来人口不断改变原有的社会结构，地铁的贯通及交通出行的便利改变了江北地区的出行生态，房屋价格上涨催生了一批投资阶层，原来城乡二元的社会结构向一元的城市社会结构过渡，社会结构由紧密型向松散型转变。

（六）社会文化由前喻文化向后喻文化转变

美国人类学家玛格丽特·米德对人类文化的传播提出了“三喻”论，即“前喻文化”“并喻文化”和“后喻文化”。“前喻文化”是指年轻的要向年长的学习，在农业文明时代，文化的传承是前辈向后辈传递；“并喻文化”是指不需要先辈的经验积累，文化可以在同代人之间传播，这是工业文明时代的文化传播方式；“后喻文化”是指年长的需要向年轻的请教，到了今天的信息社会，科技高度发达，年轻人比老年人思维更敏捷，接受新事物能力更强，文化传播发生了反转，由后辈向前辈传播。今天江北新区的社会是典型的“后喻文化”时代，年轻人正在发挥着主导作用。一个典型的例子就是年轻人利用电商平台，嫁接各种服务于乡村与城市的资源，促使实体经济与虚拟经济高度融合发展。

（七）社会治理由权威性向碎片性转变

在传统村落中，村落的精英分子以身作则，以自身行为和道德风范形成“权威”并影响村落，呈现出很强的凝聚力、吸引力和号召力。城乡二元制度实行以后，农村精英单向流往城市，乡贤文化由盛转衰，近于凋敝，乡土社会的社会治理由权威性向碎片性转变。在江北新区成立后，当地资源单向流入城市的时代已告终结，乡村逐步成为人们旅游休闲、养生养老、投资创业、诗意栖居的理想地，构建“自治、法治、德治”相结合的治理体系，为推进实施乡村振兴战略，注入了新的活力。如何注入新活力，如何引导离退休的干部职工、新富阶层等力量共同作用，推进江北新区的社会治理成为当前的重要课题。

四、矛盾纠纷解决的权威生成要素分析

有了人类就有了纠纷，有了纠纷就产生了各种各样的纠纷解决机制，这已经是一个不需要论证的事实。各种纠纷解决机制何以能够解决纠纷，使社会的“不均衡”状态达到均衡，使社会的“不安定”状态实现安定？罗斯科·庞德在《法律史解释》中所作的描摹或解释给了我们理解这一问题的启示。庞德认为，为了使相对稳定的法律适应不断变化的社会需要，“人类主

要依循三条路线进行了尝试，即权威、哲学和历史。”[①] 权威观“在法律秩序的背后安置了一个唯一的、终极的和无与伦比的权威，并且把它作为所有法律律令的渊源。这种权威所公然宣称的意志便是这样具有了约束力。它宣称，在司法中实际适用的所有规则，都直接或间接来自于最高权威这一渊源。”[②] 自然法理论从哲学的视角解释法律，用“事物的本质”或“人的本质”的哲学权威，即“理性”权威对抗旧的权威，这样“理性”就成了法律之神，成了“它只同除它自己以外的诸神的权威抗衡”的神。[③] 用历史的方法解析法律，“有一个直接而现实的目的，即建立一种历史权威作为法律秩序的基础。”[④] 庞德的描摹不一定是法律展开的真实图景，但它在一定程度上揭示了法律纵向展开的逻辑：法的核心是权威，法学理论及法律规则的变化是权威类型的变化。对于作为法律中心问题的纠纷解决机制，不需要进行艰难的理论推导我们便可以得出这样的结论：形形色色的纠纷解决机制何以能够解决纠纷，其根本原因在于权威的存在。分析权威的生成要素及相互关系，权威延续的条件，从权威的视角解读法律演进的实质，探析多元权威共生的可能性及条件，对理解各种纠纷解决机制存在的理由及延续的条件，审视法律移植中的问题，构建多元共生互动的纠纷解决机制具有理论和实践意义。本文主要分析纠纷解决机制的权威生成要素及作用。

权威生成的具体过程是很难臆测和描摹的，但法律史对历史上出现过的和现实存在的各种纠纷解决机制所作的叙述和分析表明，各种纠纷解决机制的权威形成和延续都不同程度地要求具备如下几个要素。

（一）信念支撑

罗素对信念的定义是：信念是身体上或心理上有机体的一种状态。信念是先于理智并且可以表现在动物行为上的东西。在下列的精神或心理状态中都有信念，也可以把它们看成是不太精确的对信念的划分：对动物性推理的理念、只凭证据不经思考就得出的信念、记忆中的信念、预料中的信念、利息文字描述或有意识推理的信念。[⑤] 罗素的描述性定义比起其对信念的划分

---

① 罗斯科·庞德：《法律史解释》，邓正来译，华夏出版社1989年版，第2页。
② 罗斯科·庞德：《法律史解释》，邓正来译，华夏出版社1989年版，第3页。
③ 罗斯科·庞德：《法律史解释》，邓正来译，华夏出版社1989年版，第5页。
④ 罗斯科·庞德：《法律史解释》，邓正来译，华夏出版社1989年版，第7页。
⑤ 马士岭：《知识的概念与信息》，载《山东大学学报（哲学社会科学版）》2005年第6期。

要逊色得多，从其对信念的划分中我们大致可以理解信念存在的形式。雷夕照在《法典的“后院”与“前厅”》一文中形象论述了信念在法律中的地位和重要作用。但凡法典的背后都有超凡的精神动力的支持，即信念的力量，据此认为法国《民法典》就是建立在当时颇为新颖的信念基础之上的。魏敦友在《理性的自我祛魅与法律信念的确证——答山东大学法学院谢晖教授》一文中极力推崇法律信念，甚至达到了要否定法律信仰的程度。

我们认为要使用法律信念而不是法律信仰，因为法律信仰是和神圣的时代相关联的，而法律信念是和理性时代相关联的，“法律信念要求我们对我们生活的世界的原则、规则（共识或合意）加以批判的论证，而不是盲目信仰。”“‘信念’是指‘自己认为可以确信的看法’。”[①] 信念是一种观念的形态，信仰除了观念的形态外，还含有一定的外在表现形式，信念更加本原，它支配信仰，信仰必须以信念做基础，把信念和信仰绝对对立或严格区分的做法是没有意义和不现实的。信念作为一种观念形态在纠纷解决机制中究竟起到什么样的作用？纠纷是公开坚持对某一价值物的相互冲突的主张或要求。纠纷解决机制，无论是在棚濑孝雄所作的根据合意的纠纷解决方式和根据决定的纠纷解决方式中，还是在埃尔曼所作的主体协商和交付裁决的纠纷解决方式中，某一价值物并未因纠纷而增加，也并不因为纠纷的解决而增加。为什么相互冲突的主张或要求却随着纠纷的解决而变得不再冲突或冲突缓解？是纠纷的双方不再看重先前争议的价值物了吗？不是，是出于对纠纷解决机制所依赖的某些共同价值，诸如公平、正义的确信，即信念的支持。伯尔曼认为，“法律必须被信仰，否则它将形同虚设。它不仅包含有人的理性和意志，而且还包含了他的情感，他的直觉和献身，以及他的信仰。”“法律只在受到信任，因而并不要求强力制裁的时候，才是有效的；依法统治者无须处处都仰赖警察。”[②] 信念对于纠纷解决机制权威形成所起的作用，伯翁在《法律与宗教》中关于信仰、信任在法律规范确立和实施中的作用的论述可以得到同样的证明。

（二）规则尊崇

什么是规则？法律与规则的关系是什么？彼得·斯坦等在《西方社会的

---

① 魏敦友：《理性的自我祛魅与法律信念的确证——答山东大学法学院谢晖教授》，载《广西大学学报（哲学社会科学版）》2001 年第 2 期。

② 伯尔曼：《法律与宗教》，梁治平译，三联书店 1991 年版，第 28 ~43 页。

法律价值》中详细叙述了不同法律流派对规则的理解，实证主义特别强调社会秩序的重要性，坚持认为规则就是法律。西塞罗及其以后的自然法学派大都强调法律中的公平价值，认为对法律的理解不应当仅依靠正式的法律规则，“规则只是普遍公平的一个方面，而普遍公平的真正所在是人类的本性。自然理性存在于和发展于一切文化背景下的人类心灵中，并对所有的人都一样，指导着人们应当做什么、不应当做什么。”① “18 世纪中叶，产生了一种新的法律概念。法律还远不具备普遍的特点，而且，法律在目前只被看作是出自各种社会的特殊情况的、又由于特殊需要而被采用的一套规则。”② 法律与规则的关系与普适程度，不同的学者有不同理解，我们认为，观念和价值的外化即规则。规则是共同约定或制定的为一定范围的社会成员所遵循的显性和潜性行为准则。

规则在纠纷解决中起到依据的作用。对于冲突的双方，可以依据规则对自己所持的主张或要求进行自我评判或对裁判者的裁判进行价值评判；对于裁判者，规则是进行调查取证，分析评判纠纷的主要依据；对于社会大众，规则是评价纠纷解决公平、正义或适当与否的衡器。规则应该具有两个特性。第一是平等性。“法律规则应当做到使人们不会感到自己受到的对待和自己地位相似的人不同。”③ 平等本身就是一个历史的和不断发展的概念，绝对平等只是一种伦理理念或理想状态。但地位相似的人要有相同的对待，即他们的地位具有互换性。第二是共识性。规则要得到处于同一纠纷解决体系中的成员的共识。首先是熟知规则的内容，无论是显性规则还是潜性规则，重要的是规则要得到大家的接受和认同。如果规则能得到相应社会成员的尊崇，纠纷解决机制权威就容易产生和维持，尊崇程度愈高，对相应的纠纷解决机制的信任程度愈高，选择其作为自己纠纷解决形式的机会也大，对纠纷解决结果的服从程度也高，社会用于实现已经产生效力的裁决结果的成本也比较低；相反，规则如果没有得到相应社会成员的尊崇，大家则认为规则是外力强加给自己的约束力量，怀疑、抵制或逃避规则对自己产生的效果。为什么纠纷出现后，不少人不想或逃避制度化的纠纷解决机制的裁决，裁决以

① 彼得·斯坦等:《西方社会的法律价值》，王献平译，中国人民公安大学出版社 1989 年版，第 11 页。

② 彼得·斯坦等:《西方社会的法律价值》，王献平译，中国人民公安大学出版社 1989 年版，第 18 页。

③ 彼得·斯坦等:《西方社会的法律价值》，王献平译，中国人民公安大学出版社 1989 年版，第 2 页。

后也逃避或抗拒执行，在这里可能会找到答案。

（三）裁判者信奉

英国古老的自然公正说有两大原则：一是任何人受到不利指控都有为自己辩护的权利；二是任何人不能做自己案件的法官。第二个原则后来演变成回避制度、不单方接触制度等一系列程序制度。① 无论是上述古老的原则还是现实的制度，其基本精神是一致的：除了通过合意的方式解决纠纷外，所有的依靠裁决解决的纠纷都必须有裁判者，而这个裁判者必须是中立的，他的中立地位应得到纠纷双方的认可和接受。无论是村庄纠纷中担任裁判角色的家族长辈、社会精英还是审判裁决中的法官，其地位都必须中立于纠纷双方。

在熟人社会，由于长期的相处，大家一般相互了解，纠纷出现后，所选择的裁判者也是纠纷双方所认可的中立者，裁判者的中立地位是天然的，对裁判者中立地位的信奉自然而然地会转变为对裁判者的裁判结果公正性的信奉。国家审判制度中的法官，对于纠纷双方来说，一般是陌生人。法官的品行、职业操守等都不为纠纷者所了解，制度和审判现实又很难使纠纷双方完全相信法官的中立性。在实在避免不了接受审判解纠制度的裁决时，纠纷双方由于对裁决者中立地位的不信任，为避免在裁决中受到不公正的对待，便设法影响法官的中立地位。之所以这么做，一般基于两种认识：熟人社会中，裁决者是不会轻易放弃中立地位的，因为那样会影响到其在熟人中的威信和尊严，以后或当时就不能成为裁决者；法官的中立地位是容易被动摇的，因为他（或他们）不存在威信和尊严受影响的可能，即使如此，在一定程度和范围内，也不会影响到其作为裁决者的地位。这并不是说，在国家审判制度中法官可以为所欲为，法官有回避制度等一系列制度的约束，法官受法律的制约，法官的裁判结果有更高层次法官的监督。但问题是，回避制度规定的回避对象的范围相对于可能影响公正裁决的对象的范围要小得多；法律制约的本身存在着弹性很大的自由裁量权；制度设计的高一级法院的审理监督需要启动、时间等各种成本，需要体力和精力的投入，如果高一级法院法官的中立地位也是可以动摇的，那么问题又重新回到了原点。

从裁决者中立要求的视角来审视我国审判制度权威不足的原因应该是显

① 汪全胜：《试论立法听证制度产生的法理基础及其法律功能》，载《政法论丛》2001 年第 2 期。

而易见的。要想重新塑造我国法官中立的地位，维护审判制度的权威，笔者认为，应该扩大回避的范围、简化回避的申请手续和决定程序，赋予纠纷当事人以更大的自由选择裁决者的权利；加强对法官自由裁量权的监督；简化审理程序，缩短结案时间，设置更多便民法庭或巡回法庭，减少纠纷双方的体力和精力投入。

对裁判者信奉的另一个因素是对裁判者能力的信奉，对裁判者中立的信奉是实现公正的可能性的期待，对裁判者能力的信奉是实现公正的现实保证。只有两者都信奉才能使纠纷当事人形成由对人的信赖转变为对相应纠纷解决制度的信赖，从而形成和延续某种纠纷解决机制的权威。

（四）仪式膜拜

"法律的各项仪式（包括立法、适用法律、协商以及判决的各种仪式），也像宗教的各种仪式一样，乃是被深刻体验到的价值之庄严的戏剧化。在法律和宗教里面需要这种戏剧化，这不仅是为了反映那些价值，也不仅是用来表明一种肯定它是有益于社会的价值的理知信念，而且是为了唤起把它们看作是生活终极意义之一部分的充满激情的信仰。更有甚者，如果没有这个戏剧化的过程，那些价值便无以存身，意义尽失。"[①] 伯尔曼把戏剧化的仪式上升到对终极意义和价值的信仰的高度，是否如此？我们不敢完全苟同，但仪式除了有与宗教仪式的历史渊源关系外，它的确不是一种纯粹的形式，它可以使具有相应文化背景的人受到灵魂的洗礼和精神的震慑，从而对相应的纠纷解决机制产生戒惧、认同或服从。根据文献记载和人类学家的实地考察，神灵裁判权总是垄断性地配置在神职人员和巫师们手中，并辅以各种庄严的仪式、繁琐的程序，以及其他限制性的规则，使得神灵裁判能够保持足够的神圣性和权威性。[②] 就仪式膜拜而言，往往是通过特定群体的穿着打扮表现出来的。坎特罗威茨曾指出，只有三种职业有资格穿长袍以表示其身份，这就是法官、牧师和学者。这种长袍象征着穿戴者思想的成熟和独立的判断力，并表示直接对自己的良心和上帝负责。它表明这三种职业者在精神上的自主权；他们不应允许在威胁下行事并屈服于压力。

但仪式都脱胎于一定的文化母体，只有具有相同文化熏染的人，外在的

---

① 伯尔曼：《法律与宗教》，梁治平译，三联书店1991年版，第48页。

② 梁治平：《法意与人情》，中国法制出版社2003年版，第32页。

仪式才能引起内心的共振，因为仪式象征物的采设与改进无疑是相对容易的，但制约制度变革的成败，最根本的，“还是文化问题，也即是在表面的制度之下，一些深层的价值、态度问题。”[①] 换言之，纠纷解决机制而言，只有制度层面上的变革，没有司法观念的更新，不仅“纸面上的法”（law in book）与“生活中的规则”（law in action）之间的对话、沟通与转换渠道会被阻滞，进而产生异化与歧变，而且司法的法治化也无法真正实现。因此，任何的法制变革，从长远看，观念的更新才是最为根本的。[②] 所以，在法律移植的过程中，仪式不能进行简单的模仿，要进行本土文化的改造，赋予其新的文化意义和内容，以便唤起国人文化的共鸣，而不是一种纯粹“戏剧化”的滑稽剧。

（五）成本考量

纠纷的解决不仅需要社会的成本投入，也需要个人的成本投入。纠纷发生后，采取什么样的纠纷解决机制解决纠纷，纠纷双方当事人一般都会对不同的纠纷解决机制可能发生的成本和产生的效果进行考虑、衡量和比较，往往会倾向于选择那些成本较低而效果较好的纠纷解决机制。

经济分析法学派正是看到并放大了经济因素在法律选择中的作用，并把它作为解释法律现象和法律行为的万能工具。经济分析法学认为，“构成社会的每一个人在本性上，都是‘使自我满足极大化的理性主体’。这些主体不仅对自己的行为问题具有价值判断，而且问题在权衡顺序较好的意义上选择对自己有利的行为。”[③] 如何进行价值选择，经济分析学派认为，机会成本在其中起着重要的调节作用。机会成本表示个人在行为选择中，为了获得某种利益而必须舍弃另一种利益，舍弃的利益就是获取利益的成本。法律主体总是根据机会成本，遵循“两利相权取其大，两害相权取其小”的原则进行取舍。

实证研究表明，人们在考虑个人成本的时候，绝不仅限于经济因素，还包括精力、体力、面子、在相应场域中的地位影响等许多可用经济进行衡量和不可用经济进行衡量的，与纠纷解决直接相关的个人所作的现实与潜在的

---

① Swartz D. Culture and Power，Cambridge University Press，1992.

② 方乐：《法袍、法槌：符号化改革的实际效果》，参见苏力：《法律和社会科学》（第一卷），法律出版社 2006 年版，第 96 页。

③ 吕世伦：《现代西方法学流派》，中国大百科全书出版社 2000 年版，第 750 页。

投入，所得到的直接与间接的回报。虽然，经济因素仅是成本考量众多因素中的一个因素，但经济分析法学派的观点至少为我们研究这一问题提供了方法和佐证，也为我们理解人们如何进行纠纷解决机制的选择，某些纠纷解决机制存在的权威基础和合理性提供了路径。

（六）强制程度

一般认为，在根据合意的纠纷解决机制中不存在强制，在根据决定的纠纷解决机制中才存在强制。事实上，这是对强制的偏狭理解，在所有的纠纷解决机制中都或多或少存在着强制功能，即外在的显性或潜在的促使当事人服从其裁决的力量。在根据合意的纠纷解决机制中，表现为棚濑孝雄所说的“合意诱导”，棚濑孝雄认为，纠纷解决机关可能利用直接附属于判断本身的资源，纠纷处理机关直接或间接控制的或者是其本身所固有的资源以及内在于社会本身的、要求纠纷得到解决的压力三种资源对他人采取所希望的行动施加影响力，① 只不过这种强制表现得不够直接或明确，或者其强制性比较弱小。在根据决定的纠纷解决机制中，决定一般都规定相应的强制措施，以实现裁决所要求达到相同或相似的状态。强制对于维护一种纠纷解决机制的权威确实具有明显而直接的震慑效果，但强制一般都是出现在各种救济途径或方式穷尽之后，是一种无可奈何的选择。伯尔曼对强制工具依赖观念进行了令人信服的批判，“拥护工具论的人通常这样来回答，人们一般要服从法律，因为他们害怕不这样就会招致司法当局的强力制裁。这个回答绝不能令人信服。正如心理学研究现在已经证明的那样，确保遵从规则的因素如信任、公正、可靠性和归属感，远较强制力更为重要。”② 强制存在于纠纷解决机制中对形成和维护纠纷解决的权威是必要的，但强制程度的大小与纠纷解决机制的权威强弱并不成正比，很多情况下却是恰恰相反，因而，不能过分推崇强制，更不能形成强制依赖。强制依赖一旦形成，就如同人对抗生素等药物产生依赖一样，只有不断增加强制的程度才能起到抑制和制裁某种行为的效果。

---

① 棚濑孝雄：《纠纷的解决与审判制度》，王亚新译，中国政法大学出版社2004年版，第95页。
② 伯尔曼：《法律与宗教》，梁治平译，三联书店1991年版，第43页。

（七）纠纷特点

上述六个要素是从个性化角度考虑如何对纠纷解决的权威形成进行影响的，所以在实际生活和司法实践中难以单独发挥作用，为了弥补该缺憾，还需要进行整体上的把握。笔者认为纠纷的特点是影响纠纷解决权威形成的整体要件，不从纠纷的特点进行把握，对纠纷解决权威形成的理解可能无从下手。因为纠纷解决的变化和权威形成既是社会客观发展的产物，也是当事方主观选择的结果。一个纠纷有四个特点有可能影响确定案件提交哪个控制者。

第一，争议者双方关系的性质会对他们如何解决纠纷有重大影响。处于一种持续的多重关系中的两位个体通常会拥有相互的力量，并且对各自以往的行为有很不错的信息。社会群体因此会大力鼓励亲密者使用非正式控制体制及非诉讼解决方式。对陌生人则倾向于选择诉讼方式。

第二，争议标的的大小及复杂程度对纠纷解决方式有直接影响。争议标的越大或纠纷较为复杂，利害关系越大，行使非正式救济就越有可能引发暴力的世仇，对诉讼的依赖越强。当利害关系小时，抱怨者就更少可能认为值得花这笔相对说来很高的法律体系管理费用，[①] 他们越倾向于选择非诉讼纠纷解决机制。由于上述理由，车畜相撞事故带来的损失越大，夏斯塔县居民就越可能上法庭。这些居民一般不把牲畜越界纠纷法律化，因为通常这些纠纷涉及的利害关系很小，但他们更愿意把水权纠纷法律化，因为这些纠纷更容易折磨人。[②]

第三，在其他因素相等的情况下，可以预期一个群体的诸多成员选择的会是最能把他们的费用外化给外来者的控制者。从这些成员的视角来看，一次不利用机会将费用由他人承担，将是浪费机会，不利于其利益最大化。因此，当国家无力很好管辖有组织犯罪家族浪费社会资源时，这些家族的成员也许就会认为按照他们狭隘的自利规范来决定其内部纠纷是福利最大化的。相反，在其他法律境况中，一个追求自我利益的群体也许会诉求法律制度，部分理由是这使他们能够把费用转移给纳税人、保险公司或其他人。当为穷

---

① Marc Galaner：Reading the Landscape of Disputes：What We Know and Don't Know（and Think We Know）about Our Allegedly Contentious and Litigious Society，31 UCLA L. Rev. 4，20（1983）。

② 埃里克森：《无需法律的秩序——邻人如何解决纠纷》，苏力译，中国政法大学出版社 2003 年版，第 317 页。

人提供法律服务的费用都由纳税人缴纳时，可以预期这些穷人会更频繁地诉诸法律体系。与此相类似，夏斯塔县的居民更可能就车畜相撞事故提起诉讼，而不就边界栅栏费用问题提起诉讼，部分原因是因为他们的责任保险涵盖了前者，而不涵盖后者。因此，愿意使用法律的程度并不仅仅取决于一般法律体系的比较制度能力，而且取决于具体纠纷的特点。①

上述权威生成要素并不是每一种纠纷解决机制都必然存在或同等分布的，它们在权威生成中的地位和作用是不同的，观念、规则尊崇、裁判者信奉是纠纷权威形成的内在、核心要素，它们促成了权威的生成，相反也加速了权威的解体，因而要塑造或破坏一种纠纷解决机制的权威必须从核心要素入手。仪式、强制则是权威形成的辅助要素，其作用是有限的，不可人为地夸大其作用。成本考量从严格意义上讲，不应该算是一种权威生成的要素，只是人们进行纠纷解决机制选择的因素，但它确是某些草根纠纷解决机制存在的理由和合理性基础。要建立一种纠纷解决机制的权威必须从权威生成的要素着手，根据各种要素在权威生成中的不同作用有针对性地采取相应的措施。

对照上述纠纷解决的权威生成要素来看，江北新区的民众法治观念普遍较强，但是由于江北新区辖区范围大，且跨城乡不同区域，横跨六合、浦口两区，在纠纷解决成本、观念差异、经济发展层次差异、法治裁判者的权威上存在横向上的巨大差异，存在执法规则的地域差异，人员对法治规则的认同差异，这些都需要在矛盾纠纷化解上进行综合施策、有效发力。

五、江北新区城市化进程中矛盾纠纷化解及社会治理现代化的路径

江北新区在矛盾纠纷化解上已经下了很大功夫，取得了一定成效。主要体现在如下三个方面。

一是机制灵活，有法治创新的政策优势。在江北新区成立之初，省市党委就注重新区的法治创新工作，确定了由市人大常委会行使宪法和组织法所赋予的重大事项决定权作为依法赋权的路径，并由省人大常委会批准出台了《南京市人大常委会关于南京江北新区行政管理若干事项的决定》，使江北新

---

① 埃里克森：《无需法律的秩序——邻人如何解决纠纷》，苏力译，中国政法大学出版社2003年版，第318页。

区各项工作能够依法先行先试，具有后发创新优势。

二是注重顶层设计，加强江北新区依法行政的科学性、主动性。2016 年 7 月，江北新区党工委、管委会就出台《南京市江北新区党工委议事决策规则》，对党工委职责、议事和决策流程、执行程序及工作督查机制等环节作出了全面的规定，对依法科学决策制定了严格的流程，对科学民主决策提出明确要求。新区管委会于 2017 年 1 月制定出台了《关于推进依法行政工作的指导意见》，联合中国法治现代化研究院出台了《南京江北新区法治政府建设实施规划（2018—2010 年）》，明确了新区法治政府建设的目标任务、指导思想与战略步骤，细化分解了新区法治政府建设各牵头部门的 100 项分解任务，为新区推进依法行政、建设法治政府提供了路线图、施工图和时间表，凸显了新区法治先行的创新亮点。

三是汇聚了各方合力，具有先进的高素质法治专家队伍。最高人民法院第三巡回法庭在江北新区设立，江北新区知识产权法庭挂牌成立，江北新区主动对接南京仲裁委联合成立江北新区仲裁院，化解各类矛盾纠纷。同时江北新区还创设了专门的法律服务园区，于 2017 年 7 月挂牌正式运营，涵盖面向新区居民群众的公共法律服务中心及由 6 家省内高端律所、1 家司法鉴定所以及 1 家公证处入驻的法律服务产业园，并以此为依托逐步建成法律服务产品研创中心、知识产权服务中心、法律风险防控中心及法治宣传教培中心，完善了新区法律服务功能，展现了新区高端法律服务水平，提升了新区发展品质与营商环境。组建了法律顾问专家库，提供给新区各单位对接选聘，提供法律智力支持。

虽然江北新区具备了纠纷解决的人才资源优势、机制政策优势、管理科学民主优势，但是应当看到目前江北新区在纠纷解决及社会治理能力现代化上存在纠纷解决的精细化程度不够、法律人才资源的辐射带动作用还没有充分发挥、社会共建共享共治的格局还没有形成。从江北新区纠纷爆发反映的态势来看，社会治理存在三方面突出问题：首先表现为治理资源的分配不合理、整合程度较差，治理者（尤其是基层治理者）无法有效应对大量聚焦的社会矛盾；其次是治理体制转型滞后，旧的治理技术、治理模式与新的治理模式同时存在，不能适应新的社会环境；再次是治理机制过于依赖自上而下的行政运作，治理仅仅作为政府的单向度行为开展。

针对以上情形，江北新区在推动矛盾纠纷化解及社会治理现代化上有很多工作要做，具体体现在如下三个方面。

（一）大力推进社会治理能力现代化的转型升级

首先要实现社会治理由简约治理到网络治理转变。在快速城市化背景下，简约治理的社会基础正逐步消解，社会关系已经失去了传统的熟悉化特征，简约的社会治理逻辑遇到日益严重的挑战，治理者必须进行转型应对，网格化社会治理模式成为精细化社会治理的典范。网格化社会治理主要体现为社区治理模式，主要从两个方面改造了社区治理机制。第一，网格化管理重塑了社区治理的组织架构，使得治理体系呈现出网络化的特征，横向到边、纵向到底的治理组织网络形成。第二，网格化管理通过运用一系列数字化、信息化技术手段促使治理体制实现网络化转型。

其次，社会治理能力现代化要求社会治理从分工治理向协同治理转变。改革开放以来，实现政府行政职能的横向分工，明确不同行政部门之间的职责界限和运作规范，一直是行政体制改革的目标之一。在江北新区快速城市化背景下，各种类型的社会问题频发，且会呈现伴生、并发的特点，导致江北新区社会治理形势日趋复杂，在一个治理事项中，可能存在多个治理领域问题交织的状况。为适应这一变革要求，社会治理需要实现从分工治理向协同治理转向，这一转向需要通过党政体制的推动来完成。通过以下两种方式推动：第一种是新区党政体制通过联席会议常态化、组织机构稳定化的方式，实现议事平台的实体化，使得社会协同治理能够依托固定的组织和稳定的制度展开；第二种为新区党政体制通过中心工作、一票否决等独特的运作方式，实现了不同治理主体的协调和整合，将制度上的组织合作转化为实践中的治理协同。

再次，社会治理能力现代化要求从行政主导转向合作共治。长期以来，我国的社会治理主要通过自上而下的行政管理体制来发挥作用，这种一元化治理结构的形成，不仅缘于社会治理模式的制度惯性，也与当时市场与社会的发展不健全密切相关。在城市化进程加快的情况下，行政主导使得治理资源配置单一，治理结构僵化，也不利于发挥社会及市场主体参与合作共治的积极性。[1] 向合作共治转变，应当将部分社区自治的内容，交由业主选择专业人员或公司进行治理，如物业公司的更换选择问题，企业法人治理结构调

---

① 郑杭生、黄家亮：《当前我国社会管理和社区治理的新趋势》，载《甘肃社会科学》2012年第6期。

整转型问题，法律服务的市场配置问题，这些领域要发挥市场主体参与共同治理的积极性。

（二）要发挥法治高端人才的辐射带动作用

江北新区已经建立了法治高端人才聚集的园区和阵地，但是目前需要将搭建的平台作用发挥出来，高端人才的辐射作用带动起来，不能将法治高端服务局限于一个园区、一个单位、一项工作，具体来说需要从三个方面发挥辐射带动作用。首先，应当建立高端法治人才服务网络及服务阵地，实现资源共用、人才共享、信息互通。应当在江北新区各个街道、主要社区建立法律高端服务点及网络服务站，用一个专家服务若干个社区的方式，有效发挥人才资源优势，使江北新区各地能够享受到相对均衡的法律服务。其次，法治高端人才要参与纠纷化解及社会治理工作，不能仅仅坐而论道或不提供“见面式”服务。要将法治高端人才与纠纷解决渠道联系起来，使人才能够参与纠纷解决的过程，发挥理论引导与实践经验指导的作用。要将仲裁、调解、诉讼等纠纷解决方式衔接起来、串联起来，由高端法治人才牵头管理起来，真正发挥出高端人才的法治工作优势，建议将江北新区的高校成立法治服务联盟，由老师、律师、学生共同组成法治服务团、法律援助工作团，建立常态化的法治服务模式，形成法治服务的集聚效应，发挥法治服务的叠加功能，通过前期引导、中期诉讼指导、后期跟踪访谈的模式，使依法办事常态化，使法治规则能够快速在江北新区落地生根，营造法治文化浓厚的工作和生活环境。要加大基层法律服务力度，配备社区律师，提高服务水平。如浦口法院建立的“法润乡土”工作平台，主要由浦口法院关工委牵头发动组织开展对妇女儿童权益保护及宣传工作。发挥对城市及乡村社区的普法教育功能。可以依托浦口法院辖区的人民法庭成立各种法律服务工作室。如浦口法院桥林法庭成立了“乔大叔”工作室，专门处理婚姻家庭案件的调解咨询工作，并培训人民调解组织及工作人员，取得了较好的社会效果。再次，要建立符合法治规律的法律服务市场。法律服务既可以是有偿的，也可以是无偿的，但是要形成法律服务市场，必须扩大有偿服务的范围，通过有偿服务来调动法律工作者的积极性、主动性，提高法律服务的质量。要继续推行政府购买法律服务的模式，在各个法院设立律师工作站、在街道社区设立服务点，支持有较高调解或仲裁纠纷水平的专家成立专门的法律工作室，由江北新区管委会牵头浦口、六合两区投入资金购买纠纷解决的社会服务，推广人民调解员“调解小助手”信息化工程，将便民解纷与调动人民调解员、人民陪审员、仲裁员的工作积极性有机结合起来，大力推进律师调解工作，建立专业性的律师调解工作室，加强对调解人员的资质管理和服务保障工作，打造升级版的“枫桥经验”，将群众自治与专家治理有机结合起来，形成有特色、高品位、可推广的新区法治工作经验，将后发的法治高端人才及服务优势与高效行政管理、法律市场结合起来，根据群众的需要，提供各种不同消费层次的法律服务，通过法治人才的辐射带动作用，满足人们的法治需求，进而实现矛盾化解和纠纷解决，实现法治秩序的建构。

（三）要优化区域法治发展环境

优化江北新区区域法治发展环境，不仅是建立法治先导区的要求，也是区域法治发展的重要路径。因为建立法治先导区，是符合人们理性的公共选择。[①] 法治发展环境，离不开立法的科学引领，首先要在优化区域立法发展环境上下功夫，要健全完善江北新区地方立法体制机制，及时反映和表达江北新区现代化进程的法律需求，加强创制性的地方立法，充分发挥地方立法在建设法治先导区域中的引领和推动作用。[②] 制定有效的地方性法规是江北新区立法的最大优势。立法的关键是立有效之法，导致法律有效性缺失的原因是多方面的，其中有个重要原因就是法律与一定区域文化的疏离或背离，这就使得法律实施丧失了一定的社会文化认同，没有文化的认同而又要必须遵守，那么人们就会选择消极守法甚至是违抗法律、规避法律。正如张维迎所言，法律能不能得到执行在一定程度上依赖于社会规范，文化是社会规范的主要表现形式。[③] 而要制定出有效的地方性立法，必须考察江北新区的风俗习惯与民情，而不是简单的法律移植与借鉴。[④] 要通过立法解决新区政府规划、社区管理、教育资源分配、城市拆迁改造等涉及国计民生的问题，用

---

① 姜涛：《区域法治发展路径：一个文化论的解释》，载《江海学刊》2014年第4期。

② 公丕祥：《法治建设先导区域的概念与功能》，载《江海学刊》2014年第5期。

③ 蔡宝刚：《法律是从“土地”中长出来的规则——区域法治发展的文化解码》，载《法制与社会发展》2014年第4期。

④ 对此，卢梭有深刻的认识，他指出：“法律既不是铭刻在大理石上，也不是铭刻在铜表上，而是铭刻在公民们的内心里；它形成了国家的真正宪法；它每天都在获得新的力量；当其他的法律衰老或消亡的时候，它可以复活那些法律或代替那些法律，它可以保持一个民族的创制精神，而且可以不知不觉地以习惯的力量代替权威的力量。我说的就是风尚、习俗，而尤其是舆论。”参见卢梭：《社会契约论》，何兆武译，商务印书馆1980年版，第70页。

立法代替政策，使规则更加透明，在执行中也比较容易做到公正。其次，优化区域发展环境要在优化区域行政法治环境上下功夫，要加快建设区域法治政府，加强区域政府规范创制工作、区域行政执法及行政监督工作，把区域政府治理的各项要求和规定落到实处。鉴于江北新区与浦口、六合两区并立，除了直管街道外，三者之间无隶属关系，这样不利于统一的行政管理和行政执法，不利于优化行政法治环境。建议扩大江北新区行政覆盖面的范围，将江北新区与六合、浦口部分或全部合并，成立真正单独行政编制区域意义上的江北新区，实现行政区域与法治区域的协调统一。再次，要在优化区域司法环境方面下功夫。要进一步加强和改进审判管理工作，扎实推进国家司法体制改革工作，深入推进司法公开与司法民主，提高司法公开的效率与水平，切实提高司法能力，建立审判案件发改第三方评查机制，提高司法人员的工作积极性和责任感。加强对执行工作的考核评估机制，以攻坚执行难为抓手，提升执行工作的信息化、科学化、现代化水平。不断提升区域司法工作的社会公信力。建议江北新区在行政区划单独设立后，尽快成立单独的江北新区法院，配备高素质的法院工作队伍，以江北新区法院为司法载体开展好司法审判工作，提升司法服务保障水平，现有的浦口区及六合区法院都远离江北新区核心地带，服务保障江北新区发展的司法中心地位不突出，优化区域司法环境不同步，人事管理不统一，不能实现全力保障并优化江北新区司法环境的功能。从全国来看，上海浦东新区、天津滨海新区都有专门的司法管辖法院，也促进了两地改革开放及经济腾飞，这种做法值得江北新区借鉴。最后，要持续优化区域法治文化环境。针对江北新区经济社会发展的具体特点，要创新区域法治教育机制，深化区域法治文化建设，大力加强法治文化宣传，着力培育全民法治信仰，努力打造区域法治文化软实力，积极营造加强区域法治建设、推动区域法治发展的良好氛围。

（王亚明，南京信息工程大学法政学院教授。本文为南京江北新区发展研究院2018年度重点课题“城市化进程中江北新区矛盾纠纷化解研究”的研究成果）

大湾区法治[①]

① 本辑大湾区法治内容（5 篇文章）由华南理工大学 2019 智库项目“粤港澳大湾区制度整合与协同建设研究”（编号：ZKXM201902）支持。

粤港澳大湾区立法协作研究

滕宏庆　赵静

【内容摘要】 立法协作对区域经济发展、区域法治建设具有重要意义，是在国家法治统一原则指引下开展地方法治实践的一种具体形式，虽无直接法律依据，但仍可从我国法律体系中找到其生存空间。基于粤港澳大湾区“一国两制三法域”的现实情况而言，加强立法协作工作、构建立法协作体制机制，有利于规避法律冲突，为粤港澳大湾区合作发展提供根本制度保障。

【关键词】 粤港澳大湾区　立法　协作

粤港澳大湾区具有“一国两制、三关税区、三货币、三法域”的特点，湾区内 11 城在政治、经济以及法律制度方面存在诸多差异，在现实经济发展、法治建设以及社会风俗文化方面亦有着各自的特点和发展水平上的高低之分，这对相互之间合作发展产生了一定的阻碍与隔阂。应加强粤港澳大湾区立法协作，从源头解决既有困境，为其合作发展提供法律与制度保障。基于此，本文专门对粤港澳大湾区立法协作问题展开研究，尝试对其必要性、合理性与可行性等内容展开分析，并对其立法协作体制与机制进行创新性构想，以填补既有研究在这一内容上的不足。

一、立法协作功能定位

（一）立法协作促进区域经济发展

按照马克思主义哲学的观点，经济基础决定上层建筑，上层建筑又对经济基础起反作用。[①] 法律是上层建筑的一种表现形式，故产生法律的立法活动也可被归为上层建筑的一部分。上层建筑因经济基础产生和变化，从动态的历史进程来看，上层建筑又以服务于经济基础为目标进行调整和改变。立法计划能够充分体现上述互动关系——在总结现实立法需求和立法目标的基础上，计划制定符合国民经济与社会发展规律的法律，这既是经济对立法提出的新要求，又是立法对经济发展需求的主动回应，立法对促进经济发展的作用不可忽视。讨论上层建筑对经济基础的反作用，可以直接从法律对经济的积极作用来窥视。法律能够规范生产要素与资源分配，调整生产矛盾，建立市场经济运行秩序，而立法正是促使法律产生上述积极作用的根本要素。因此，为了促进经济发展，应该加强立法建设。

2017年10月18日，中国共产党第十九次全国代表大会关于《决胜全面建成小康社会 夺取新时代中国特色社会主义伟大胜利》报告指出，新时代我国社会主要矛盾是人民日益增长的美好生活需要和不平衡不充分的发展之间的矛盾。发展不平衡指城乡、地区、人群发展不平衡，具体体现在城乡教育、医疗、就业等方面。这对我国经济发展的启示是：要统筹调整资源分配，通过地区间互助合作来缩减不平衡，以发达地区带动欠发达地区发展。发展不充分指发展质量不够好、发展效益不够高。这给予的启示是：要坚持经济体系创新和变革，加强优秀市场经济运行经验学习与借鉴，通过地区间互助合作来促进不同城市资源和信息共享、优势与劣势互补，进而提升质量与效益[②]。不难看出，加强地区间合作对于促进我国新时期经济发展至关重要。正因如此，近年来，国家持续大力推进西部大开发、东北老工业基地振兴、中部地区崛起与东部地区创新引领发展。加强京津冀、长三角、珠三角等地区的经济合作，促进城市群经济发展。区域经济合作、区域经济一体化已然成为我国地方经济发展的新主题和新趋势。

不少学者强调区域法治一体化对区域经济一体化的作用，其重要性体现在：区域法治一体化有利于消除地方法治壁垒，减少区域内不同城市间的法律矛盾和利益保护，保障治理权威和效率[③]；有利于维持市场经济秩序，创建公平、良性竞争、分配合理的市场环境；有利于落实区域发展制度、组织

---

① 马克思、恩格斯：《马克思恩格斯文集》（第1卷），人民出版社2009年版，第567页。

② 新华网：《［十九大“新”观察］“新矛盾”怎么解?》，http://www.xinhuanet.com//politics/2017-10/24/c_129725444.htm。

③ 王春业：《论京津冀区域协同发展中的法治促进》，载《南京社会科学》2018年第1期。

和机制，保障区域经济一体化发展的稳定性与正式化[①]。区域法治一体化要求从立法、执法、司法等多方面加强协作，立法是其中的根本环节与形式，能够提供区域合作的法律和制度性基础，对于促进区域经济一体化而言更加彻底和有效。因此，着重加强城市间立法协作显得十分必要。

结合粤港澳大湾区经济现状来看，立法协作的重要性更是不言而喻。与京津冀、长三角等区域合作性质不同，粤港澳大湾区具有“一国两制三关税区三货币”的特点，广东、香港、澳门具有不同的法律、制度背景和文化环境，实现跨地、跨境经济合作将会面临着更多的阻碍和壁垒。从权力的角度来看，湾区内多元主体之间立法、行政、司法权力异质性较强，这比在内地权力、地位相对平等的城市之间所展开的经济合作更加复杂[②]。另外，广东、香港、澳门三地的产业优势和经济基础各不相同，与依赖同一地理环境、相似的社会条件和市场环境的区域合作相比，展开经济合作需要更加合理、有效的创新机制。毫无疑问，单独依靠中央立法或是广东、香港、澳门的其中一种立法都不足以解决上述困境，立法协作才有可能是一条行之有效的出路。

（二）立法协作促进区域法治建设

法治是现代民主国家运行的主要方式，是国家治理现代化的重要标志，还是公民基本权利的根本保障[③]。毋庸置疑，立法是实现法治的逻辑起点和首要工作，立法是推进依法治国建设的首要任务，只有建立起科学、民主、公正、完备的法律体系，才能保障严格执法和公正司法，才能促进国家治理法治化、社会与市场经济运行秩序化。因此，实现依法治国、良法善治尤其需要从立法工作入手。2014 年 10 月 28 日，党的十八届四中全会开展依法治国专题讨论并发布《中共中央关于全面推进依法治国若干重大问题的决定》，其中指出，实现依法治国要“完善以宪法为核心的中国特色社会主义法律体系，加强宪法实施”，具体需要完善立法体制、促进科学立法与民主立法、加强重点领域立法[④]。这从国家层面阐述了立法工作的任务和目标。然而，

---

① 赵新潮：《京津冀区域法治一体化路径研究》，载《金融教学与研究》2015 年第 3 期。

② 张亮、黎东铭：《粤港澳大湾区的立法保障问题》，载《地方立法研究》2018 年第 4 期。

③ 张文显：《法治与国家治理现代化》，载《中国法学》2014 年第 4 期。

④ 凤凰网：《中共中央关于全面推进依法治国若干重大问题的决定》，http://news.ifeng.com/a/20141028/42318825_0.shtml。

我国地大物博，幅员辽阔，过于统一、模式化的法律对经济水平、文化背景各异的地方而言适用性不强。因此，实现依法治国还需完善地方立法。随着改革开放进程的深入和市场化程度的提高，地方治理面临着诸多新难题：地方保护主义限制区域经济一体化发展；行政区划与行政组织割裂阻碍户籍管理、交通、环境治理等跨区域公共管理活动的有效开展；以地方化为主的管辖制度既影响了司法效率，也影响了司法公正①。上述问题说明，地方治理急需回应跨区域的经济、行政执法和司法活动，急需通过立法来建立跨区域经济合作的制度保障、跨区域行政执法和司法活动的法律支持与组织、人员职权分配，加强地方间立法协作势在必行②。

当前，粤港澳大湾区呈立法差异状态，湾区内11个城市立法权限高低不一，且在民主立法、科学立法、创新立法、绩效立法和实效立法等方面的立法质量参差不齐。面对这样一个多元化、差异化的现实情况，促进粤港澳大湾区城市间的合作与发展，需要通过立法予以统筹和协调。湾区内11城分别拥有制定设区的市的地方性法规、经济特区法规和特别行政区法律的权力，在上位法还未就湾区事务进行规定的情况下，湾区内的共同事务和城市之间需要协助的事务都应该通过立法协作来予以落实，以此实现湾区治理法治化的同时，还能保证治理效率，促进湾区经济进一步腾飞。

二、立法协作理性基础

（一）法律空间

显然，从我国现有法律体系来看，尚不存在一部法律赋予不同立法主体协作立法的权力，地方立法协作或区域立法协作并没有直接的法律依据。然而，《宪法》《立法法》等相关法律中有关地方立法权的规定可以为立法协作提供合理性。

第一，立法协作的成果可能是一部针对区域内共同事务、在整个区域范围内生效的法律；也可能是区域内各城市立法在内容、标准和刑罚上的统一。不论是何种成果，都不会影响各城市立法权的行使与权威。因为地方立

① 孙洪坤：《论建立与行政区划适当分离的司法管辖制度》，载《东方法学》2014年第6期。

② 王腊生：《地方立法协作重大问题探讨》，载《法治论丛（上海政法学院学报）》2008年第3期。

法权的行使具有独立性和排斥性，立法成果仅限在本辖区内适用，辖区内立法事务的处置权力仍然保留在立法主体手中。因此，协作立法可以被视为各立法主体行使地方立法权的一种具体方式。

第二，《宪法》和相关法律并未就地方立法主体行使立法权的方式作出具体规定，更没有任何禁止性条款否定立法协作这种方式，因此立法协作尚有存在的空间。最后，地方实际的立法需求是《宪法》和相关法律赋予地方立法权的主要考虑，地方可以根据本地区具体情况和实际需要制定地方性法规，那这种需求对立法协作提出要求也符合宪法和法律精神。[①]

综上所述，立法协作仍然可以我国法律体系为法律基础，为其存在和发展提供合理依据。

（二）国家法治统一与地方法治

本研究所探讨的立法协作，是地方不同城市间的立法协作，亦可称为区域立法协作，具体研究对象是粤港澳大湾区 11 个城市的立法协作问题。地方立法协作是拥有共同诉求的立法主体，通过协调立法、合作立法等形式来为地方或区域发展提供制度、法律性保障，并最终促成地方法治实现的过程。从狭义来看，本研究所探讨的立法协作是地方性、区域性的，强调地方的自主性、灵活性与特殊性，这容易被指责为影响了国家的法治统一，不利于国家法治的整体性与全局性。显然，立法是法治的重要环节，对立法协作是否会破坏国家法治统一这一问题的疑问涉及国家法治统一与地方法治二者之间的关系问题。目前学界对上述问题的讨论主要存在两种观点：一是反对地方法治，认为地方法治是对国家统一法治建设的破坏和割裂；二是支持地方法治，认为地方法治对实现国家法治统一具有重要作用。

反对地方法治的学者们大概有以下几点考虑：首先，国家应该是实现法治的基本单位，但地方法治的出现将原本的法治单位拆散开，不利于国家统一和民族团结；其次，地方法治将会从立法、执法、司法等各方面加剧地方割据和地方保护主义，造成资源浪费，影响公平正义；再次，地方法治强调

---

① 王腊生：《地方立法协作重大问题探讨》，载《法治论丛（上海政法学院学报）》2008 年第 3 期；陈光：《论我国区域立法协调的必要性与可行性》，载《齐齐哈尔大学学报（哲学社会科学版）》2009 年第 5 期；陈光：《论建设山东半岛蓝色经济区中的地方立法协作》，载《环渤海经济瞭望》2010 年第 5 期；孟庆瑜：《论京津冀协同发展的立法保障》，载《学习与探索》2017 年第 10 期。

地方立法因地制宜，这将会破坏国家法律体系的统一性和完整性，不利于法律系统良性运作，进而影响法治效能；最后，地方法治多元化将会导致法治观念地方化和碎片化，难以形成共识性的法治价值观①。总而言之，这类观点将国家法治统一视作优先价值，尤其看重“分”对“合”的负面影响，从而反对地方法治。

然而，自江苏、浙江、广东等地方法治实践浪潮席卷至今，地方法治对经济发展和法治建设的贡献有目共睹，地方法治逐渐获得了学者们的认可与支持。从我国法治实践来看，过分强调国家法治统一而忽略地方法治导致地方良性违宪、地方权力国家化或以中央垂直管理、红头文件取代地方立法、法学人才难以应对地方工作等等乱象②。这说明加强地方法治建设，促进地方科学立法、创新立法与自主立法，保障地方治理的主动性与积极性十分必要。另外，基于我国地理环境幅员辽阔，地方经济、人文、社会风貌多样化，地方法治发展水平不均衡等现实条件来看，地方法治确是实现法治的一条渐进式道路，能够制度化、具体化、创新化、由局部推及整体、由下至上地落实法治建设③。基于此，学者们主张在不违背国家法治统一原则的基础上进行地方法治建设，通过地方法制（治）来实现国家法治④。

实践证明，地方法治为区域经济一体化，乃至依法治国建设产生了不可替代的影响。且随着地方经济形势衍变与地方法治进程深入，地方法治主题实现了从依法治“×”、法治“××”⑤ 到“地方先行法治化”再到“区域法治”的变化⑥，以文正邦、张文显、公丕祥、夏锦文等人为主的代表性学

---

① 杨解君、赵会泽：《法治的界域：由“法治××（区划）”引发的思考》，载《湖南社会科学》2004年第4期；杨解军：《法治建设中的碎片化现象及其碎片整理》，载《江海学刊》2005年第4期。

② 黄文艺：《认真对待地方法治》，载《法学研究》2012年第6期。

③ 代表性观点参见陈柳裕、王坤、汪江连：《论地方法治的可能性——以“法治浙江”战略为例》，载《浙江社会科学》2006年第2期；孙笑侠：《局部法治的地域资源——转型期“先行法治化”现象解读》，载《法学》2009年第12期；孙笑侠、钟瑞庆：《“先发”地区的先行法治化——以浙江省法治发展实践为例》，载《学习与探索》2010年第1期；葛洪义：《法治国家与地方法制》，载《法学》2009年第12期；葛洪义：《地方法制的意义——中央与地方关系的法律化、制度化问题初探》，载《学习与探索》2010年第1期；封丽霞：《认真对待地方法治——以地方立法在国家法治建设中的功能定位为视角》，载《地方立法研究》2016年第1期。

④ 葛洪义：《法治国家与地方法制》；陈柳裕、王坤、汪江连：《论地方法治的可能性——以“法治浙江”战略为例》，载《浙江社会科学》2006年第2期。

⑤ 相关术语诸如依法治国，法治政府、法治浙江，等等。

⑥ 谢遥：《对地方法治研究三十年的整理与反思》，载《河北法学》2018年第7期。

者，对区域法治概念、意义、实现路径等内容展开了丰富的研究[①]。其中，还有不少学者尤为重视立法协作对区域经济一体化和区域整体发展的积极作用，对区域立法协作模式进行构思[②]。由此可见，立法协作是区域一体化发展背景下地方法治的实践，是落实依法治国、国家法治统一建设的必然过程，立法协作存在合理性。

结合粤港澳大湾区实际情况来看，湾区内 11 个城市立法权限不尽相同且客观立法质量优劣各异，若要实现湾区共同事务治理或是城市间经济合作，可能产生的法律冲突可想而知。解决法律冲突有两条理想化路径：一是上位法进行调整，自上而下定纷止争；二是城市间建立制度化或非制度化合作、协调、沟通机制，统一立法，自行调解矛盾。显然，目前能够规范湾区 11 个城市立法权的上位法尚未出台，第一种路径无法实现。即使出台了上位法，规范也无法预知实践，大湾区刚成立不久，一切都在摸索阶段，很多问题尚未暴露彻底，完全依赖上位法来调整湾区治理中可能产生的法律冲突，显得不切实际。因此，现下唯一可行的路径就是立法协作。

三、立法协作构造思路

（一）立法协作的实践经验

毫无疑问，从广义的区域立法协作概念来看，欧盟是世界上规模最庞大、合作程度最深、成果最令人瞩目的立法协作实践。尽管欧盟是国家与国家之间合作的组织，这与本研究致力于探讨的国内意义上区域立法协作有所不同，但其形式对我国区域立法协作仍有借鉴意义。从其组织形式来看，欧盟成员国通过协议让渡权力并成立区域组织——欧盟，赋予欧盟立法机关就约定的事项在其权限内进行立法的权力，所制定的法律在成员国间适用，进而实现以统一原则或标准调整成员国的经济、社会关系，促进各成员国和欧

① 代表性成果诸如：文正邦：《应开展区域法治研究——以西部开发法治研究为视角》，载《法学》2005 年第 12 期；张文显：《区域法治文化问题的棱镜》，载《扬州大学学报（人文社会科学版）》2014 年第 5 期；公丕祥：《区域法治发展的概念意义——一种法哲学方法论上的初步分析》，载《南京师大学报（社会科学版）》2014 年第 1 期；周尚君：《地方法治竞争范式及其制度约束》，载《中国法学》2017 年第 3 期。

② 代表性论文可参考本研究相关引用文献。

盟整体协调、共享发展[①]。可见，欧盟成员国相互之间的立法协作模式是：成立区域性立法组织，由该组织统一进行立法协调。本研究将这种由区域性组织作为主体来实现立法协作的模式概括为区域立法模式。类似的立法协作模式还可在美国独立管理局制度中看到，具体经验包括《田纳西流域管理局法》和“纽约—新泽西港区管理局”制度等。独立管理局拥有一定程度的立法权，可以就区域内跨洲事务进行立法协作。值得注意的是，欧盟立法权来源于成员国自愿缔结协约让渡立法权，而美国独立管理局立法权则来源于国会立法授权[②]。另外，还有不少学者认为美国州际协定经验也值得借鉴。州际协定是美国各州为解决跨州事务，通过缔结协议展开合作的一种形式。尽管州际协定对解决美国州际合作与法律冲突问题有重大意义，其参与主体却以行政组织为主，是美国联邦政府与州政府、州政府相互之间的协作契约[③]。这显然与本研究所关注的立法协作主体有所不同，但其契约协作模式仍具有参考价值。此外，与州际协定一同调整美国州际事务的还有行政协议，州议会立法授权行政机关与其他州对应行政机关自由缔结协议，这种形式使得行政协议在跨州合作方面比州际协议更加灵活、有效[④]。

雄安新区等国家级新区，以及京津冀、长三角、泛珠三角和粤港澳大湾区是我国目前开展区域合作的主要区域。近年来，各区域合作发展的规划纲要和协议纷纷出台，例如《京津冀协同发展规划纲要》《长三角洲城市经济协调会章程》《泛珠三角区域合作发展规划纲要（2006—2020）》《深化粤港澳合作 推进大湾区建设框架协议》《粤港澳大湾区发展规划纲要》，等等。这些纲要和协议因地制宜，就区域经济发展、城市群发展作出详细部署，为区域协作发展提供重要制度性指引和保障。然而，观察上述纲要和协议不难发现，文件中的规划与安排皆以行政机关为主。这说明我国区域协作发展的关键力量主要被寄托在行政机关身上，鲜少涉及立法机关。仅有广东省曾出台《广东省实施珠江三角洲地区改革发展规划纲要保障条例》，以地方性法规的形式确立了泛珠三角洲地区协作发展的法律地位。可见，目前我国以行政协作为区域合作发展的主要形式，其制度与机制的构想或许对立法协作有

① 陈光：《我国区域立法协调机制研究》，山东大学2011年博士论文，第110~118页。

② 宋方青、朱志昊：《论我国区域立法合作》，载《政治与法律》2009年第11期。

③ 叶必丰：《我国区域经济一体化背景下的行政协议》，载《法学研究》2006年第2期。

④ 何渊：《美国的区域法制协调——从州际协定到行政协议的制度变迁》，载《环球法律评论》2009年第6期。

一定的参考价值。

（二）立法协作的学者思考

在总结既有区域协作形式不足之处的基础上，部分学者认识到立法协作相较于行政协作形式的重要性，对我国区域立法协作形式进行了一系列构思和创新，这同样对我国未来区域合作发展的方式和出路有重要参考价值。因此，本研究从立法协作主体视角出发，将学者们所提出的立法协作形式进行归纳，最终概括出三种区域立法协作模式如下：

第一，直接协作模式。这种模式指直接在区域内各立法主体之间进行协作，参与协作的主体仅限于区域内产生协作需求且拥有立法权的各立法主体之间，不涉及其上级立法机关或下级立法机关。具体形式包括：区域共同立法，即区域内各立法主体就区域内共同事务进行立法，立法成果适用于整个区域①；区域协议（契约），即区域内各立法主体就需要协作的事务签订协议，确定协作内容、统一协作标准，立法主体按照协议规定自行处理本辖区内事务②；区域联席组织，即区域内各立法主体通过立法成立区域联席组织，并授权该组织就区域内相应事务进行统一规划和协调或者对某一具体事项进行深度合作③。

第二，间接协作模式。这种模式指区域立法协作的主导者来自区域外部而非区域内部，且这种自上而下的立法协作模式使得区域内各立法主体在更多时候承担着执行立法而非统筹立法、自主立法的角色。具体形式包括：中央立法，即全国人大及其常委会立区域法直接规定区域协作事务④；省级立法和省级协调组织，即省级人大及其常委会通过立区域法或成立省级区域立法协调与备案组织来协调法律冲突⑤，促进区域协作发展。

第三，复合协作模式。这种模式指区域经济、法治一体化的协作主体由两种或两种以上不同的立法主体组成。具体形式包括：全国人大授权立法，即全国人大通过立法授权区域内各立法主体通过协商等形式自行协调相应

---

① 陈光：《论建构环渤海区域立法协调机制的必要性》，载《大连海事大学学报（社会科学版）》2010 年第 3 期。

② 王子正：《东北地区立法协调机制研究》，载《东北财经大学学报》2008 年第 1 期；陈光：《论区域立法联席会议机制》，载《学习与探索》2011 年第 2 期。

③ 石佑启、杨治坤：《试论中部地区法制协调机制的构建》，载《江汉论坛》2007 年第 11 期。

④ 陈光：《论区域立法联席会议机制》，载《学习与探索》2011 年第 2 期。

⑤ 华国庆：《我国区域立法协调研究》，载《学术界》2009 年第 2 期。

事务[①]；三位一体立法，即实现中央立法、省级立法和区域内各立法主体单行立法相结合[②]。

四、粤港澳大湾区城市群立法协作体系构建

（一）立法协作原则

立法协作不仅是促进区域经济一体化深入发展的有效途径，还是区域法治建设中的重要组成部分。因此，在开展以促进区域经济发展为主要目标的立法协作时，不能忽略立法协作的本质——法治实践。毫无疑问，稳定性是法治实践的优先价值，但在法治实践过程中，随着社会经济条件的不断变化，一些新关系和新事物的出现将会对既有法律体系提出新要求，而法律对新事物的回应势必会影响其自身的稳定与权威。由此引发法之合目的性与法之稳定性二者之间的矛盾冲突。拉德布鲁赫认为，与正义、合目的性等价值相比，安定性是法律规则追求的第一大任务[③]。本研究认同这样的观点，基于此，本研究倾向认为，追求目的性而牺牲法律的稳定性是不可取的。正如前一节中分析，学者们提出的中央立区域法、省立区域法等形式都增加了“区域”级法律，这显然与我国“中央—地方”两级的法律体系产生冲突。立区域法，则意味我国既有法律体系结构需要改变，换言之，就是以经济目的挑战国家法律体系的稳定性。一旦这种改变付诸实践并在全国范围内铺展开，区域立法上升至国家层面，那将会倒逼我国法律体系作出调整，法律秩序与安宁受到破坏，影响依法治国建设进程与步伐，得不偿失。因此，应该同时兼顾立法之目的性与稳定性。以保障法律稳定性为根本前提，以促进区域经济一体化为主要但并非首要目标。在不破坏既有法律体系的前提下展开区域立法协作。对此，本研究提出粤港澳大湾区立法协作的第一个思路——统筹兼顾，即将区域立法协作核心权力收归中央，使中央能够在不破坏既有法律体系的基础上统筹区域立法协作工作，统一协调区域内各立法主体的立法权，以及兼顾区域内不同主体、不同区域间、区域与非区域间的利益需求

---

① 宋方青、朱志昊：《论我国区域立法合作》，载《政治与法律》2009年第11期。

② 孟庆瑜：《论京津冀协同发展的立法保障》，载《学习与探索》2017年第10期。

③ 宋方青、朱志昊：《论我国区域立法合作》，载《政治与法律》2009年第11期。

与主张，保障区域发展与立法协作工作稳步推进。

与京津冀、长三角、东北地区、中部地区的区域合作发展有所不同，粤港澳大湾区合作发展不但具备内地区域立法协作的特点，还因粤港澳三地在政治、经济与法律方面存在“一国两制三法域”差异而具有特殊性。一方面，这些特殊性导致湾区合作发展面临法律冲突与制度、文化挑战，进而成为粤港澳三地产生立法协调需求的主要原因。另一方面，粤港澳三地在政治、经济、法律和文化方面的特殊性使得其各有所长，内地相对丰富的资源和低成本的生产条件与港澳发达的港口贸易和第三产业优势互补；内地稳定、安全的社会和经济秩序与港澳完备的法律体系相得益彰，这又是粤港澳大湾区展开政治、经济、法律、文化等方面合作发展的基础。由此来看，粤港澳大湾区的特殊性是一把双刃剑，即有可能导致城市间法律冲突与治理矛盾，又反过来可以促进城市与城市之间取长补短、资源与优势相互协调。因此，需在统筹协调过程中兼顾城市个性，坚持统权协作的同时保障城市发展自主性和积极性。由此提出粤港澳大湾区立法协作的另一点思路——放权自建，即保证各城市在立法协作基础上自己对辖区事务进行立法的权限，以继续发扬湾区内 11 个城市的特殊性，为城市间合作发展与湾区一体化发展奠定更加夯实的基础，实现优势互补与合作共赢。

从现实需求与战略定位来看，粤港澳大湾区发展任重道远。《粤港澳大湾区发展规划纲要》中明确提出了两个时间段（“到 2022 年”以及“到 2035 年”）的发展目标，内容涉及经济、科学技术、基础公共设施、公共服务、文化等反映城市综合实力的方方面面。这不仅对其日常具体事务的管理方式和程序提出了高要求，还需要从顶层设计上革新管理制度与服务模式，来为粤港澳大湾区各城市发展、城市间合作与湾区整体向前迈进提供夯实的制度保障。考虑到公共行政对象和内容繁琐冗杂的特征，以及区域合作发展对公共政策及时性与灵活性的需求，应该将治理理论全面深入地运用到粤港澳大湾区的发展实践中来。作为对传统公共行政理论的发展与革新，治理理论突破了官僚制下组织成员效率低下、丧失积极性与创造力，管理模式僵化、行政效能低下、公共服务质量不尽人意等等局限，强调多元主体积极参与、注重平等协商与合作、要求由管理向服务进行转变，以促进公共行政活动更加高效和开放，促进社会服务与治理更加便捷和全面①。据此提出粤港

① 熊光清：《治理理论在中国的发展与创新》，载《江苏行政学院学报》2018 年第 3 期。

澳大湾区立法协作的第三条原则——协作治理。应将治理理论和平等协商、合作发展等形式有机结合，将粤港澳大湾区发展建设活动向多元社会主体开放，充分发挥其主动性和积极性，鼓励其在各自领域和行业发挥带头作用的同时，以协商民主的形式为公共政策建言献策、就公共服务进行评估和意见反馈，促进公共管理活动更加民主、科学、有效；同时还应加强政府与市场、与社会组织间的互动合作，就各项事务从“政策制定→政策执行→政策评估”各个环节加强协作，促进信息交换和资源合理利用，促进共治共享。

（二）立法协作体制建设

1. 区域立法协作委员会

《立法法》第五十一条规定“全国人民代表大会及其常务委员会加强对立法工作的组织协调，发挥在立法工作中的主导作用”。基于统筹兼顾思路，本研究认为应该在无须改变我国既有法律体系结构的基础上，由全国人大及其常委会负责区域立法协作的统筹安排工作。从大湾区协议来看，参与合作发展的主体有国家发改委、广东省政府、香港特别行政区政府以及澳门特别行政区政府。四方行政级别较高且广东省与香港、澳门间政治、经济、法律体制差异较大，因此，只有国家最高权力机关及其常设机关才有足够的权限和权威来调整粤港澳三地法律冲突。为了促进粤港澳大湾区合作发展的持续性与稳定性，应该在全国人大设立区域立法协作委员会，保障湾区立法协作工作常态化、制度化。区域立法协作委员会的主要职责是：统筹区域内城市间的立法协作需求；商议并确定协作内容和协作标准；监督和调整区域立法协作结果。全国人大与地方人大之间不存在直接的领导与被领导关系①，故全国人大在日常工作中不直接决定区域立法协作事宜，但全国人大可组织区域内存在立法协作需求的立法主体共同商议协作具体内容，邀请专家共同确定协作标准，作为第三方来调解城市间法律冲突，并通过法律监督、工作指导与联系等方式督促各立法主体落实协商成果，实现立法协作。区域立法协作委员会的工作方式有：组织区域内立法主体展开定期和不定期的立法协作磋商会议，来协商立法协作内容、交流立法协作心得、分享立法协作经验；落实区域法律备案审查制度，以备案审查加强对区域内城市间的法律冲突的

---

① 中国人大网：《全国人大与地方人大是什么关系?》，http://www.npc.gov.cn/npc/fzgzwyh/2015-07/27/content_1941928.htm，最后访问日期：2019年4月18日。

预警和预防工作；加强对各立法主体行使立法权和落实立法工作情况的监督与考核，督促各立法主体依照协商结果尽快制定新法规、修订或废除既有法规，以从源头去除法律冲突，为区域合作发展保驾护航。

2. 授权地方改革试点①

《立法法》第13条规定："全国人民代表大会及其常务委员会可以根据改革发展的需要，决定就行政管理等领域的特定事项授权在一定期限内在部分地方暂时调整或者暂时停止适用法律的部分规定"。该法条有利于实现立法和改革相互衔接，为区域立法协作委员会工作成果合法化、制度化提供了法律依据。实际上，区域立法协作委员会承担着收集问题、提出立法协作方案的职能，而区域内各立法主体则承担着立法方案落实与试验的职能，二者之间的互动合作能够形成一个可持续性循环机制——收集问题→提出方案→落实方案→回收成果→反馈问题，这能为区域立法协作的实现提供有力保障。然而，区域立法协作委员会与各城市立法机关之间的互动合作仅停留在经验层面，其合法性与科学性仍然饱受质疑。基于此，应该以《立法法》第13条为法律依据，将立法协作的实践成果合法化、制度化。对于一些在区域内广泛运用并积攒了可行性实践经验的事项，全国人民代表大会及其常务委员会可结合区域一体化发展需求，决定将不宜适用现有法律的部分事宜在区域内暂时予以调整、暂停或停止使适用，来为区域合作发展提供法律与制度空间。

（三）立法协作机制创新

1. 建立立法协作信息平台

粤港澳大湾区立法协作涉及多方主体，以区域立法协作委员会为核心展开全国人大及其常委会对区域内立法主体间的立法协作，会形成大量的方案、会议记录、交流心得与实践经验等等，这些通过语音、图片、视频或文字形式得以保存的材料能够为各主体间的合作交流提供准确、及时的参考资料。从这一方面来说，建立一个相关主体共享立法协作信息的平台显得十分必要。另外，立法协作信息平台除了承载资料收集的功能外，还应该成为区

① 此处采用部分学者使用的概念，参见王建学：《授权地方改革试点决定应遵循比例原则》，载《法学》2017年第5期。

域内各立法主体的交流平台。通过在平台上实时发布各城市最新立法动态和相关法律文件，避免信息不对称现象产生，促进城市相互之间立法动态的掌握与同步，有利于从立法程序和各个立法环节促进立法协作。

2. 推进智能立法与精准立法

近年来，大数据与人工智能在执法、司法领域得到了广泛运用，在降低成本、提高效率、增强便民性方面产生了积极影响。对此，应该在区域立法协作领域引入智能立法，借助立法协作信息平台对区域立法现状进行大数据分析，找到城市间的法律冲突，精准识别区域立法协作需求，标记立法协作内容。再通过机器学习来为立法协作提供可行性方案，推进区域立法协作智能化、精准化。

3. 开展立法评估活动

立法评估对把握立法现状、洞察立法困境与法律冲突有积极作用，应开展以立法工作人员、立法专家和相对人等多元主体参与的立法评估。应就立法协作信息平台和大数据所总结出的法律冲突与立法困境展开研讨，进一步明确立法协作需求和具体内容，确保立法协作成果的精准性与可行性。立法主体应在立法评估过程中展开自查自纠工作，在法律法规落地前核实其合法性与协调性。区域内立法主体也应互相参与其他立法主体的立法评估工作，通过他查他纠的方式协助立法，促进立法协作。

4. 加强交互备案与审查

我国的备案审查主要是在纵向各级立法机关之间进行，这对维护我国法治统一有重要意义。同样，备案审查也可在区域立法协作中发挥作用，建议建立横向同级立法机关之间的交互备案与审查机制，促进区域内相关立法主体进行相互监督，作为加强各城市立法协作的后置手段。

（滕宏庆，华南理工大学法学院教授、院长助理、博士，广东省法学会重点研究基地“法治评价与研究中心”执行副主任，粤港澳大湾区智能法治研究中心主任；赵静，华南理工大学法学院2017级宪法学与行政法学专业硕士研究生。本文系2017年度广州市社科联哲学社会科学规划课题项目“全面依法治国背景下广州市法治指数及其实现”和2017年度华南理工大学中央高校基本科研业务费智库项目“珠三角湾区城市群法治评价指数及其实现”的阶段性成果）

国家战略视阈下的长三角区域法治一体化研究

彭辉　刘慧

【内容摘要】围绕建设更高质量长三角法治一体化目标，集中力量对长三角地区经济社会发展中面临的突出法治问题，尤其是对有助于推动区域经济一体化，促进产业、交通、文化等区域资源整合发展的相关法律问题展开深入研究已是当务之急。当前，推进长三角更高质量法治一体化工作正在立法、司法、行政执法等多领域持续深入进行。

【关键词】国家战略　长三角区域　法治一体化　立法保障

从国内层面看，中国已进入结构优化的新阶段，优化资源配置，加快构建区域创新增长点，已经成为我国创新驱动发展战略的着力点。长三角区域一体化发展受到国家高度重视，已上升为国家战略。国际层面，加快推进长三角法治一体化事关长三角一体化在新起点上迈向高位发展工作全局，也是长三角成为具有全球竞争力的世界级城市群的必然要求。

一、长三角区域法治一体化概述

（一）“长三角法治一体化”的内涵与特征

1. 内涵

在长三角区域一体化的过程中，不仅需要法治，更需要区域法治的一体化；如果仅有地方法治而没有区域法治一体化，则地方法治成为区域一体化的羁绊。基于上述理念，我们认为长三角法治一体化主要是指区域内各行政区的立法活动、执法活动、司法活动、法治文化应该相互协调，共同促进区域发展目标的实现。

（1）从立法层面来讲，区域的法治一体化主要指立法一体化。那么，长三角区域法治一体化是否要求沪苏浙皖的立法完全一致？如果单纯一致，就会陷入立法雷同。因此，沪苏浙皖区域法治一体化，并不是三省一市的地方立法在内容上完全一致，更不是相互间的雷同，但至少不相互冲突；对新的立法，要共同协商制定，或按照各自的分工制定互补性地方立法，使得区域内有和谐一致的法治环境，以促进长三角区域协同发展。

（2）在执法和司法范畴内而言，主要是执法和司法一体化，其要求区域内各行政区在保持彼此间的合理差异和尽量实现实质性平等之间取得平衡，并将这种平衡运用在区域执法和司法环节当中。① 既要避免法制实施标准上的“各行其是”，又要防止确定标准时形式上的一视同仁，要以动态协调、协作为前提去追求各行政区在区域内的实质性公平。

（3）在法律文化范畴内而言，主要指各行政区在法律观念、精神、价值等思维和意识层面上追求一体化。作为人类文化中的技术性成分，法律文化包含内化在法律思想、制度、实施以及人们的行为形式之中且引导着精神和对其发展有制约作用的最根本最普遍的观念、精神和价值体制。② 当然，这里所说的关于法律方面的观念，精神和价值存在一个前提，那就是要符合当代宪政主义的价值要求，这是当代社会所有法制的价值基础。此外，除了宏观层面符合当代宪政主义的基本价值要求外，目标区域的特殊性也要得到重视。具体到长三角区域，要求上述法律观念、精神和价值在确立过程中必须充分考虑长三角地域的政策目标和独特的地域价值属性，在多元价值的冲突之中全面考量各价值目标的实现程度，以放弃某单一价值的最大化来换取多价值目标的整体价值最大化。

2. 特征

区域法制是实现区域法治的制度保障，也是区域法治最重要的内容。因此，区域法治的特征主要显现为区域法制的以下两大方面：第一，调整范围的跨域性；③ 第二，调整方式的权力规范性。前者为因，后者系果。区域法

---

① 郭庆珠：《论区域法制一体化进程中法律解释机能的发挥——基于京津冀法制一体化的分析》，载《学术探索》2017年第9期。

② 公丕祥：《区域法治发展与文化传统》，载《法律科学》2014年第5期。

③ 夏锦文：《区域法治发展的法理学思考——个初步的研究构架》，载《南京师大学报（社会科学版）》2014年第1期。

制统摄多个行政区，即跨域性，而各个行政区自身又是相对独立的行政主体，在本辖区内具有较大的行政自由。为确保区域法制统一与行政辖区内的行政自由并行不悖，在规则框架内事先规范权力的调整方式显得尤为必要。

跨域性主要指区域法制的调整范围跨越了多个地方政府的行政辖区，其调整对象系地方政府的跨行政区行为。[①] 从文义解释的角度来看，“跨域性”的内涵至少包括两个方面。第一，准确界定“域”的范围。“域”，是指“在一定疆界内的地方”。“疆界”位置不同，“域”的范围也有差异。实际上，在区域发展的整个历史过程中，“域”一直是一个范围模糊的概念。中华人民共和国成立以来，区域的范围划分苍黄翻覆。然而，区域法治中的“域”并不同于上述对“域”的解释，它并不是物理化的空间场所，而是行政管理中技术性的抽象表达。第二，正确理解“跨”的含义。“跨”是一个有连接作用的动词，像一座桥连接两头。“跨”域行为既包括地方政府单纯对外作出的行为，又包括那些针对内部事务作出的，但同时会间接影响其他地区的行为。[②]

（二）“长三角法治一体化”规划的价值意义

1. 必要性

（1）法治一体化是长三角一体化的题中之义。没有法治一体化，长三角一体化必然是不完整的，甚至是言之无物的一体化，注定难以健康长久发展。在推进长三角协同发展的过程中，在发挥政府整体布局规划作用的同时，市场的作用应该被专门强调，要充分运用市场手段，而不是依赖行政手段。而要使得市场发挥配置资源的决定性作用，首先需要健全法律规范，做到有法可依。在长三角一体化过程中，法治发挥保障作用，保障经济基础和社会秩序的运行。同时，长三角一体化毕竟属于一种创新，没有现成的法律法规可以援引，存在着不少法律规范的缺失，必须加强法律制度建设。而且，随着长三角区域内市场配置资源范围的扩大，各种市场关系会越来越复杂，新的矛盾不断出现，更需要对此进行规范和法治引导。

（2）长三角一体化需要法治一体化来指引、保障和助推。治理社会的手

---

① 张彪、周叶中：《区域法治还是区域法制？——兼与公丕祥教授讨论》，载《南京师大学报（社会科学版）》2015 年第 4 期。

② 张彪：《论区域法制的几个基本理论问题》，载《湖南警察学院学报》2016 年第 4 期。

段有多种，如政策、道德、行政手段等。虽各有各的优势，但相比较而言，法治手段是经证明了的最佳手段。该区域发展涉及区域内各省市不同层级政府在多方面尤其在环境、交通、公共服务与市场管理等方面的制度改革与重建，因此，需要先对以上领域进行立法，以确保改革具有明确的法律依据。从这个角度而言，必须充分发挥法治在长三角协同发展中的作用和功能。过去，由于行政区划观念的束缚，区域内各省市在思维模式和管理方式上往往自说自话，无法达成相互协调的行动计划，多采用差别化的行政手段积极拆除各种壁垒。由于缺少法律规范的直接引导和有效约束，行政手段具有运动式的特点，虽然高效但难以持久，连续性也不强，使得长三角一体化发展受到影响。因此，长三角一体化要得到良性发展，必须遵循法治推动的路径，运用法治的手段促进一体化的深入，保障长三角区域持续长久发展。

（3）法律规则一体化是规则一体化实施的前提，法律规则一体化为此后在法律实施中采取一体化行动奠定了规则基础。如若没有一体化规则，那么区域一体化就将成为天方夜谭。[①] 早在20世纪80年代，长三角各省市已经有过合作尝试，但是统一规则的缺位使得实际的结果与预想效果大相径庭。目前长三角各省市在诸如住房、养老、医疗等公共服务领域已有其个性化的规则，要实现长三角一体化，就必须在这些方面逐渐建立并实行统一的规则作为指引与后盾来指导长三角的协同行为。不过，虽然法律规则一体化包括甚至有条件地追求"法律规则一致性"这一项语义，但是二者并不等同。[②] 法律规则一体化的核心要求在于促使区域内不同行政区之间法律规则的协调共生、良性互动，它并不排斥各行政区法律规则之间的合理差异，但也欢迎各行政区在区域深入发展、深度交流合作中自然而然达成的规则一致性。对于长三角地区而言，其法律规则一体化的主要内容应当是着重关注不同行政区内法律规则的协调性，废除阻碍区域合作的不必要规则，减少引起巨大冲突的不适当的地方保护主义规范，从而增强法律规则的协调性和适应性，促进实现区域一体化的价值目标。在法律规则区域一体化的初期，各行政区法律规则之间有差别的协调性是最明显的特征，也是区域一体化进程中的理性选择，初期如果不顾不同行政区域的差异，过分追求规则的一致性，反而会

① 张瑞萍：《京津冀法制一体化与协同立法》，载《北京理工大学学报（社会科学版）》2016年第4期。

② 同前引①。

过犹不及。事实上，伴随一体化程度的不断加深，不同行政区域的发展逐渐平衡，规则的一体化会成为各行政区的主动选择。

2. 可行性

社会经济发展、国家力量扶持、地方政府配合以及良好的法治协同历史四个因素相互影响，共同推动长三角法治一体化的进程。

（1）区域社会经济发展。社会经济的发展是推动长三角法治文化变迁的重要因素，是助推长三角区域法治一体化的物质动因。① 长三角地区包括沪苏浙皖三省一市，是国际公认的六大世界级城市群之一。面对国际复杂的贸易形势，民粹主义抬头，许多国家回归保守主义，尤其是特朗普上台以来，向中国挥舞贸易大棒，并意图遏制中国的科技发展。在此背景下，推动国内改革，优化国内经济发展，提高抵御外界的风险，是我国面对严峻的国际贸易形势所要作出的行动。因此，加速推动长三角一体化进程，既是时代的呼唤，又是自身发展的需求。经济不断发展，其对法治的服务能力也提出了越来越高的要求。一方面，经济的持续进步要求通过完善的法律规范来降低交易成本，消除交易障碍，而法律自身就是一种交易成本，因而区域内降低交易成本首先要求法律规范一体化；另一方面，经济的稳定发展需要法律事先防范相关的市场风险，防止经济过快发展带来的不利影响。

（2）国家力量推动。从政治层面来说，政策力量是长三角法治一体化的有力推手。改革开放以来，长三角区域法治文化的物质、制度和观念等各个层面都毫无例外地依靠了国家力量从而进入更高的发展阶段。② 近些年，推动长三角发展的重大政治动向主要表现为下列三个重要时间点。第一，2016年5月11日，国务院对长三角发展提出了宏观目标——全面建成具有全球影响力的世界级城市群。《长江三角洲城市群发展规划》指出，宏观目标的实现期限截止到2030年，当前的目标在于培育更高水平的经济增长极。第二，2018年11月5日，区域一体化国家战略的对外宣示。国家主席习近平在首届中国国际进口博览会开幕式上表示支持长三角区域一体化发展并上升为国家战略。第三，2019年3月，区域一体化国家战略的对内要求。李克强总理在《政府工作报告》中提出，要将长三角区域一体化发展上升为国家战

① 周叶中、刘诗琪：《地方制度视域下区域协调发展法治框架研究》，载《法学评论》2019年第1期。

② 张清、梁鸿飞：《区域法治文化生发机理论略》，载《法制现代化研究》2014年第1期。

略，编制实施发展规划纲要。来自最高领导层的积极支持，使得到2020年长三角地区基本形成世界级城市群框架的脚步更加扎实，行稳致远。

（3）长三角各省市积极配合。为贯彻落实习近平总书记关于长三角地区更高质量一体化发展的系列重要指示精神，2018年11月，苏浙沪皖三省一市的人大常委会先后通过了《关于支持和保障长三角地区更高质量一体化发展的决定》。上述四地的人大常委会对决定的重要条款和实质内容达成了共识，重申了长三角地区更高质量一体化发展对于本行政区发展，对于国家进步的重大战略意义，明确了各行政区在助力长三角地区更高质量一体化发展实践中的职责使命，再次肯定了上海在长三角区域一体化发展中的龙头带动作用，要求苏浙皖三省扬其所长，特别强调立足自身优势，组建合作机制，实现规划顺利对接、法治基本协同、市场标准统一、生态文明共建、合作利益共享和重大机遇共抓的战略目标。

（4）长三角法治协同源远流长。改革开放至今，长三角区域治理实践主要分为三个阶段：20世纪80年代的探索期、90年代的成长期和2001年开始的成熟期。探索期以中央指导为主，长三角区域内各行政区在政策指导下尝试开辟合作治理的道路。成长期内，长三角区域治理逐步兴起，构建区域治理机制提上议事日程。2001年起，长三角区域治理的各项机制日趋完善，合作治理开始走上规范道路。如今长三角已经形成了包含决策层、协调层和执行层在内的“三级运作”治理机制，既有行政性，又有区域性。[①] 行政性指决策、协调和执行三个方面都以行政权力为主导；区域性指决策、协调和执行的效力只限于本区域内。此外，区域内府际关系也发生了转变，从前充满利益竞争，必要条件下才建立消极被动的协作关系，而今区域内不同政府秉持合作共赢理念，自主寻求协同治理。

（5）长三角法治协同基础扎实。首先，文化同源是沪苏浙皖法治一体化的历史前提。沪苏浙皖三省一市比邻而居，便利了人员往来，催生了相近的区域文化，造就了促进区域协同创新的历史前提。自古以来，在长三角内部，文化同根，语系相通，经济社会联系密切，同属于江南文化圈。此外，历史上它们也被多个朝代划入同一行政区。其次，优势互补是沪苏浙皖法治一体化的前提条件。区域经济一体化导致城市功能日益分化，以上海为中心

① 杨凤华：《长江三角洲城市群发展的阶段判定与路径优化》，载《南通大学学报（社会科学版）》2018年第2期。

的长三角城市群正在逐渐建成，为跨地区共享资源和人口流动提供了前提。再次，设施一体是沪苏浙皖法治一体化的物质基础。沪苏浙皖各城市为尽早实现“同城效应”，正大力构建区际快速交通系统，促进人员和物资的区域极速流通。科技合作是沪苏浙皖法治一体化的现实基础。增进协同创新，加快法治一体化，沪苏浙皖之间的科技合作交流既是形式，也是内容。

二、长三角区域法治协同分析

（一）区域法治协同的主要做法和成绩

通过对上述关联性区域法治一体化实践的考察调研，可以发现其中有相当多的经验做法值得我们在建设更高质量长三角法治一体化的进程中学习借鉴。概言之，经济一体化应以法治开路、使法治先行，通过深化实质法治，以法治保障区域一体化推进。

1．人大立法领域

（1）加快立法研究。在区域发展转型和升级过程中，长三角遭遇的系列新问题表达出对区域间协作立法的强烈需求。为实现区域立法的民主性、权威性，一个合理的选择是由各行政区按比例推选一定的人人代表组成立法机构，负责区域协作立法事宜。2009 年长三角地区确立了人大立法性质的沟通合作机制，该机制采取人大常委会主任座谈会的模式，苏浙沪三省市一同通过了《沪苏浙人大常委会主任座谈制度》。2014 年，安徽省加入长三角区域治理实践，在修改上述人大常委会主任座谈制度的基础上，四省市又确立了新的人大常委会主任座谈制度，该制度不仅明确了区域协作立法的指导思想，还提出了应当将地方立法与区域立法存在冲突的地方作为区域协作立法的重点。

（2）确立立法信息沟通、协作制度。长三角长期的区域治理实践将立法信息交流制度分为一年一度的定期座谈会与不定期座谈会两种。不定期座谈会并不必然召开，一般鉴于实际需要才临时展开专项讨论会议。两种会议的相同之处在于，不论是定期会议还是不定期会议，会议结束后，相关会议纪要都会公开在各省市的人大网站上供社会公众查阅监督。经过沪苏浙皖各行政区人大及各方通力合作，作为上述立法交流会议成果的《大气污染防治条例》顺势而生。在具体程序上，该条例的产生主要经过这样几步：第一，由各行政区草拟大气污染防治立法条款；第二，在区域内人大常委会主任座谈会上充分讨论前述立法条款，形成一个参照性法律文件；第三，各行政区立法机构结合本辖区内污染源、污染区域以及污染程度的特殊性，可以在确保法规协调、不抵触区域合作的范围内微调参照性法律文件；第四，交由各行政区立法机构审议微调后的法律文件，生成本辖区内个别化的大气污染防治条例。从制度构建以及实践效果来看，前述大气污染防治条例无疑是区域治理的一朵奇葩，它不仅是长三角共建生态文明的有利尝试，更是区域协作立法的成功典范。

2. 行政执法领域

府际协作是长三角区域治理最典型、最成熟的方式，包括中央主体参与以及地方政府机构的协作。

（1）联席会议促交流，协调会议谋合作。长三角地区广泛的经济合作肇端于20世纪90年代，当时区域内的15个城市组建了经济协作联席会议制度以畅通各城市的经济交流渠道。伴随成员数量的增加，制度功能升级，经济协作联席会议制度发展为长三角经济协调会制度并形成了较全面的运行机制。经济协调会制度之下主要有两个重大会议，分别是两年一次的经济协调会和一年一次的市长会议。两大会议都采取由区域内主要领导座谈会的形式，围绕区域经济协作发展的方向、目标以及实践中的疑难杂症，结合实地调研结果，作出因地制宜的协作决策。而具体落实协作决策则主要依靠重点合作项目工作组和设立于各省市的联席会议办公室，先经工作组研究重点合作项目，给出计划方案，后由联席会议办公室负责沟通协作事宜。经由经济协调会助力，2007年苏浙沪共同签署《苏浙沪法制协作座谈会会议纪要》，规划了长三角区域经济发展，达成了以立法促合作的协作方案。

（2）抢抓中央立法力量，提升区域发展高度。规范长三角区域协作，加快打造世界级城市群，急需依靠中央立法力量。实践中，中央立法力量帮扶区域协作立法有两种形式：①中央制定特别的法律在特定区域内部实施；②中央审批通过区域行政主体制定的规划。这两种由中央立法力量帮扶区域协作立法的形式在长三角发展历史中都有所体现。比如，上海自由贸易区便是因中央制定《中国（上海）自由贸易试验总体方案》才得以合法产生；而《长江三角洲地区区域规划》则是先由长三角区域协同编制完成，国务院再投赞同票批准通过。

3. 政法系统区域合作，推进平安、法治建设工作

区域经济合作一体化使得司法领域的合作也越来越重要。2018 年 5 月，长三角各省市政法系统通过《沪苏浙皖政法系统关于推进更高质量平安长三角法治长三角建设总体方案》（以下简称《总体方案》），提出了创新区域平安建设体系、创建区域法治环境的总体要求，确立了共建区域政法队伍和人才培养交流合作机制的战略目标。①

（1）优质司法服务保障更高质量一体化发展。2018 年 1 月，沪苏浙皖四省市高级人民法院在第十届区域性人民法院司法协作工作会议上签订了《关于全面加强长江三角洲地区人民法院司法协助交流工作的协议》，主要包含 8 个方面 26 个具体项目。该协议以建设平安中国、法治中国为政治背景，坚守促进长三角区域一体化发展的国家战略，重点关注司法领域的区际协作，试图通过司法服务协作推进区域一体化发展。

（2）为积极探索更深范围更广区域深度对接和协同联动形成强大检察保障合力。2018 年 5 月，安徽省召开了沪苏浙皖检察长座谈会，会议明确了应当在日常工作联系、信息共享、案件处理、研讨交流和媒体报道等五大层面增进司法协作。另外，与会各方在生态文明保护司法界限、生态损害赔偿证据认定标准、系统内信息共享和跨辖区生态保护案件的媒体报道等方面取得了价值认同。2019 年 1 月，长三角检察协作办公室在上海正式设立，四地检察机关积极探索更深范围更广的区域合作机制，通过建立沪苏浙皖检察大数据平台，切实推进跨行政区划检察院改革，突破行政区划局限，取得实际成效。②

（3）逐步实现“贯通四省市、覆盖全时空”区域警务一体化格局。2018 年 5 月，沪苏浙皖四地公安机关在上海召开长三角区域警务一体化工作会议并签署了《长三角区域警务一体化框架协议》。四地公安机关着眼长三角一体化发展全局，发挥科技在警务工作中的引领作用，推动数据资源整合，提高高端集成使用率，建立数据警务平台，建设智慧公安。同时，在联

① 《总体方案》提出了促进法律适用标准统一，推动重点领域执法司法合作，加强跨区域法律服务和惠民便民合作，推进司法体制改革深度合作，开展重大法治问题联合攻坚，做实做强区域法学、法治论坛等 6 项任务措施。

② 王风涛：《跨行政区划检察院的组织结构》，载《时代法学》2018 年第 4 期。

勤指挥、情报合作以及打击犯罪等方面可以逐步连通区域内各行政区的公安机关，推进早日实现公安政务服务一网通。

（二）区域法治协同存在的问题及原因

目前，在理论上，我国长三角地区立法保障工作缺乏区域立法的相关理论，在实践中，在立法层面上的区域合作仍处于徘徊状态，基本上没有发挥出对区域一体化的推动功能。

1. 等置规则引发“外部效应”

理论上，等置规则是指相同或近似规则运用于同样事情，其效果不因地域不同而有差别。但反观长三角区域，以海洋环境保护的有关规定为例，理论与实践之间出现了鸿沟。这种理论期待与现实之间的差别与区域法制中等置规则的外部效应不无关系。

海水的流动性与行政区的固定性之间的矛盾导致海洋污染具有跨域性，即发生在某一行政区内的海洋污染容易伴随季风洋流传播到其他行政区。因此，实践中，某些临海省市为了保护本辖区海洋环境投入资源制定海洋环境保护法律规范，制裁海洋环境污染责任人。而邻近省市即使零投入海洋环境保护，也可以依靠地缘优势享受其他省市海洋环境保护法制带来的利益，这就是海洋环境保护法制的外部效应。外部效应的存在，尤其是正外部效应引发了“搭便车”现象。在海洋环境保护问题上，由于成本由单个或者少数行政区承担，而收益却由多个行政区共享，所以各行政区都渴望享受其他邻近行政区的法制利益，并无足够动力去防治资源过度利用带来的环境污染问题，阻却环境污染可能带来的“负外部效应”。

2. 赋权规则的差别引发“外部效应”

根据规则给主体带来利益还是负担，法律规则可分为赋权规则与义务规则。[①] 针对同一事件，不同地域的赋权规则存在较大差别。这成为长三角区域法制“外部效应”的又一重大表现。在此，笔者针对上海、宁波和吴江（以下简称“样本城市”）农民工养老保险制度的相关规定进行讨论。

上述样本城市虽然同属长三角区域，但是其农民工养老保险制度却存在

---

① 谢小瑶：《法经济学视角下区域法制冲突协调的逻辑及制度选择》，载《重庆大学学报（社会科学版）》2016年第2期。

较大区别，具体体现在缴费主体、缴费基数和费率三大方面（见表1）。在费率和获取补贴方面，上海有其他两地无可比拟的优势，宁波与吴江却各有各的不足，在收缴费率方面，吴江最没有优势，但在获取补贴方面，宁波却处于最后顺位。照此逻辑，当其他条件相对稳定时，拥有明显制度优势的上海往往会成为三地农民工的聚集地，进而导致样本区域人力资源空间分布的局部倾斜。然而，对农民工而言的制度优势一般建立在企业支付较高生产成本的基础之上。因而完善的农民工养老保险制度诱惑农民工聚集，但过重的生产负担却排斥了企业常驻，区别化的赋权规则就这样引发了“外部效应”。

表1　样本城市农民工养老保险制度对比

	上海	吴江	宁波
缴费主体	用人单位缴费（无固定单位的由个人缴费）	用人单位缴费 + 个人缴费	用人单位缴费
缴费基数	上一年度社会平均工资的60%	当地企业最低工资标准	当地职工最低工资标准
基金结构	无个人账户	个人账户 + 社会统筹	只有个人账户
费率	12.5%（养老、医疗及工伤混合费率）	企业为10%，上缴社会统筹；个人8%，进个人账户	13%（其中8%进个人账户）
发放方式	连续缴费达1年，换取额度为本人实际缴费基数7%的老年补贴凭证一份。达到法定退休年龄时，凭老年补贴凭证一次性兑现老年补贴	实际缴费年限累计满15年达到国家法定退休年龄的，可按月领取基础性养老保险金和个人账户养老金	实际缴费年限累计满15年且达到国家规定退休年龄前的最后5年在本市工作并连续参保缴费的，达到退休年龄可按月享受个人缴费性养老金

3. 行政处罚差别化产生“外部效应”

同事同罚是执法公正与便利合作的基本认知，但是长三角地区却还普遍存在行政处罚不一致的情况。比如，关于未办理临时海域使用证的行政责任，各地规定差异过甚。其中，浙江省设置了1万元到5万元的处罚区间，上海市则在3千元到3万元之间浮动，江苏省尚无相关规定。在“法无禁止即自由”的私权理念下，这样的差异化行政规制导致企业或者个人在一般情况下总是倾向选择行政规制模糊的江苏省作为临时使用海域的申请地。正因为江苏省临时海域使用权的成本较为低廉，所以该省的海域极易被过度使用，引发海洋污染，并传递到周边省市。这样一来，上海市和浙江省虽然支付了海域污染的防御成本，却仍然可能受到江苏省海域污染的连累。

4. 规则明确度不一带来“外部效应”

明确统一的法律规则为人们的行为后果提供合理预期。模糊不一的法律规则却可能诱发规则的“外部效应”，尤其是“负外部效应”。这在长三角区域的水污染防治过程中表现得淋漓尽致。

在水污染防治方面，上海市环保局制定了《上海市水污染源限期治理管理暂行办法》（以下简称《办法》），《办法》采用分区方式，以环保检测结果超标次数和单个监管周期的超标频率为标准明确规定了两类水污染源限期整改的对象。相比之下，无锡市和浙江各市县就显得比较模糊。据了解，无锡市尚未制定与水污染防治相关的政策性法规，只建立了水污染总量超标限期治理的工作制度，用以协调污水净化设备同处理要求不相符之间的矛盾。而浙江省各市县仍然依靠国家层面的水污染防治法律法规，并无因地制宜的明细规定。

无论是环保检测结果超标次数还是单个监管周期的超标频率都可以直接表现为具体数据，一旦数据超标，该地区便成为限期整改对象。这样的规定至少有两方面的益处：一方面，它为排污单位提供了操作性强的努力方向，其可以在运营过程中目标明确地控制污染排放量；另一方面，详细明晰的规则既节省了执法者自由裁量的成本，更压缩了“权力寻租”的空间。这样的益处是其他两地不甚明了的规定无法企及的。

5. 区域协同立法差异化导致“外部效应”

当下，长三角区域立法一体化主要是立法精神的统一，这种价值观上的一致仍然停留在区域一体化的初级样式。加之笔者在上文提到的区域协作立法主体为多省市人大代表，他们权力无差，所属区域各异，由此导致了协作立法中的系列问题。

（1）区域立法协作主体问题。区域立法协作主体问题。一是立法主体数目大，级别多。《立法法》修订后，地方立法权主体除了省级人大和已经批准的较大的市人大之外，设区的市也有一定的立法权限。如此一来，长三角区域的协作立法就变得广泛复杂，因为其不仅需要协调省级人大层面的立法权限冲突，还需要在数十个设区市人大之间的立法权限博弈中求得平衡。高昂的合作成本抑制了区域立法协作的热情，也增加了排除万难达成的区域法制的实施难度。二是人大立法力量式微，行政立法反客为主。人大立法一直是我国的法治传统，但在长三角地区，行政力量因其主动和高效已经成为区域协作立法的主力，人大主导区域立法的成分十分有限。

（2）区域立法协作程序问题。一是立法程序待统一。当前，长三角区域协作立法程序不一，导致立法质量不齐，法制实施陷入困局，法律效果背离预期。在各行政区参与区域立法协作前期，没有对区域立法背景、法制实施环境等的统一的强制评估要求；区域法制形成后，也没有对协作立法成果的统一评估环节；至于区域法制实施的效果反馈，更是各行政区的自主选择行为。二是缓解立法冲突的配套机制缺位。合作中难免利益冲突，只要准确预见可能发生的冲突并及时预备缓解冲突的配套机制便可轻松应对。在长三角地区过往的协作立法实践中，缓解立法冲突的配套机制的缺位一度导致各方手足无措。

（3）区域立法协作内容问题。一是地方立法繁多，内容冲突。自设区市获得地方立法权以来，地方立法数量和种类有井喷之势。但是，地方立法只考虑本地情况，不与其他区域沟通，容易彼此冲突。二是保护性立法成协作立法壁垒。地方立法旨在最大化本地利益，因而存在地方保护主义色彩。现在，该立法经过多年实施，权力层和普通民众已经从中获得一些利益，并对其形成了认知惯性，而区域协作立法带来的利益却犹未可知，这进一步妨碍了区域协作立法。三是协作立法领域过窄，重点领域法制缺失，规范程度尚浅。长三角区域协作立法当前集中在诸如大气、交通等紧迫的共性问题上，少有涉足其他非紧迫或者具有区域个性的领域；而对于重点领域的协作立法更是主要依靠中央指导；在规范程度上，协作立法还停留在法律价值、立法精神一致等宏观的抽象层面上。

三、“长三角法治一体化”规划设想

（一）长三角区域立法协同机制建设

法律乃治国之公器，良法系法治的前提。区域一体化发展需要通过区域协作立法增加良好的法治环境供给。[①] 促进长三角地区协同立法进程，形成完备的区域法律制度，必须摸清区域协作基底，找准立法协同目标，发挥行政先导作用，利用人大职能优势，扩宽协作立法领域，加深立法规制程度。[②]

1. 完善区域统一立法

长三角经济一体化发展在地域上涉及三省一市，涉及面积之广，必然会面临不同利益阶层的博弈，在各方都不愿意让步的情形下，通过统一立法，利用法律的权威性予以解决，是一个可行性方案。建议由全国人大或其常委会对跨行政区域的经济发展中所面临的基本问题进行立法，引导跨行政区域经济一体化的进程，这样也减少了地方各级政府因以自己的利益为中心而产生的行政摩擦，平衡了区域内各方的利益。

2. 加强重点领域的立法协作

重点领域虽然面临剧烈冲突，但是关涉长三角各省市发展全局，是其未来向纵深方向发展不得不面对的难题。为突破重点领域协作困境，打破长三角地区纵深发展瓶颈，区域内各省市人大应当一同研讨与长三角一体化发展息息相关的立法方案，同步推进各省市立法进程，协调立法内容。重点在生产要素、公共服务、投资贸易和生态环保等领域寻求协同，推倒单纯由行政区划造成的不必要的一体化屏障。[③]

3. 完善立法协同的具体机制

加速构建各省市人大立法合作媒介。稳定的交流与合作媒介，使各级立法主体更方便地掌握各区域的立法状况，也为问题的协商解决提供了便利。下一步还应加强协调长三角区域内各级地方人大之间的立法规划冲突、尽早打造立法草案意见互征平台、法制效果评估协作平台以及立法信息沟通平台等，提高协同立法水平。

---

① 叶必丰：《区域经济一体化的法律治理》，载《中国社会科学》2012年第8期。

② 2018年6月，沪苏浙皖三省一市在“进一步完善长三角地区立法工作协同座谈会”上广泛交流了关于再深化立法工作区域协同机制的意见，各方达成众多理论共识。同年7月，在长三角地区人大常委会主任座上，三省一市人大常委会还一同签署深化本区域人大工作协作机制和深化本区域人大常委会地方立法工作协同的协议。

③ 例如，在生态环境保护领域，可进一步总结推广前期在长三角地区大气污染防治协作立法中的经验做法。该条例第六章专章规定了长三角区域大气污染防治协作，其中第六十四条要求省市政府根据国家规定，同区域内有关省市组建大气污染防治协作机制，定期沟通区域内大气污染防治重大事项。长三角地区三省一市首次协同迈出步伐，用实际行动展示力挺国家战略的决心，值得其他地区借鉴。

4. 加强对区域立法活动的监督

在区域合作立法中，地方的人大通常由于缺乏相应的权限，不能对区域合作立法做到很好的监督。所以，应设立独立的长三角区域立法监督机构，负责监督有关长三角区域经济一体化战略实施过程中的立法动向，把握区域立法工作全局，从而推动顺利实施长三角区域经济一体化国家战略，畅通战略目标快速实现路径。

（二）长三角区域政策协同机制建设

1. 长三角区域政策协同的基本方向

（1）通过政策协同服务区域经济发展。例如，在管控太湖流域渔业发展方面，太湖虽与江浙两省四市水陆相连，但出于管理便利，统一由江苏省政府在苏州成立太湖渔业管理委员会负责管辖太湖全境，统筹协调四市渔政部门，对太湖渔业开发利用协调规划、保护渔业资源，解决环太湖治理过程中错位发展、同质化的问题，协调各市在渔业生产中出现的矛盾并建立渔政执法队伍维持渔业生产秩序。

（2）通过政策协同开展区域环境保护。为防治长三角地区工业污染，沪苏浙皖协力组建了专门的区域环保协调机构，在《长三角环境保护工作合作协议》中要求设立联席会议办公室，负责订立区域环保年度计划和督促落实区域协作的具体措施。在长三角环境协作治理上，跨区域的污染典型有流域水污染以及大气污染，这种跨区域的污染防治就需要区域内各行政区划进行协作。

（3）通过政策协同实现交通一体化。回望长三角地区交通历史，铁路、公路、桥梁三种交通方式一度各领风骚。如今，高铁动车后来居上。早期，区域内各省市缺乏通盘谋划区域交通的整体思想，交通建设多为短途项目，20 世纪末，国家加速建设全国道路交通网络，确立国道和高速公路的整体布局，纵横交错的全国交通网奠定了后续长三角区域交通合作的现实基础；2004 年，苏浙沪皖各省市定下区域交通一体化目标，预计 2020 年建成里程超 5000 千米的高速公路网。

2. 长三角更高质量的区域政策协同发展

（1）完善地方政府合作机制。鼓励三省一市成立推进“长三角区域一体化发展工作组”，作为政策的具体执行机构，定期召开会议，沟通信息，对一体化过程中出现的问题，及时给出相应的解决方案。支持上海都市圈、南京都市圈、杭州都市圈和合肥都市圈建立更加紧密的合作机制，强化发展规划衔接，推动都市圈同城化发展。[①]

（2）健全区域政策协调管理机构。设立长三角区域一体化发展协调管理机构，统一安排和指导区域范围内各地区的政策制定，并对其政策的实施进行监督。在机构设置上，可下设争端处理委员会，由其制定区域一体化发展过程中的争端处理章程，并赋予其解决区域内各方之间争端与合作纠纷的权限。

（三）长三角区域司法与执法协同机制构建

1. 促进区域法律适用标准统一

区域内司法和执法部门应定期交流调研成果、工作体悟等，比照法制实施效果分析不同省市的执法和司法政策以及法律适用标准，针对“一地一政策”“一地一标准”的现象，通过“小三步”逐步实现区域法律适用的统一。第一步，应优先在经济发展水平相当的区域内统一司法执法尺度；第二步，把先前的制度成果逐步向经济发展差异较小的区域输送；第三步，实现全地区的司法执法一体化。同时，在案件侦（调）查、起诉等程序标准上以及在法律监督、审判执行和司法行政管理等实体标准，争取实现“类案同处”。

2. 推动重点领域司法执法合作

第一，加快建设重大事件预防处理协作机制。先从食品、药品、环保等关涉民生的基础领域着手，再有计划地扩大到跨域性涉诉信访案件。第二，协作寻求经济社会领域普遍性问题的解决之道。在保护知识产权，维护金融、海事秩序，打击黑恶势力犯罪等方面建立案情通报、审理执行策略交流制度。第三，共建区域涉案财物处理互助网络。第四，实现执法信息资源共享。长三角地区各方应当及时建立起司法、执法的大数据系统，清除信息交流障碍，在实现司法、执法外部监督的同时发挥数据共享优势。

3. 统一区域行政执法机制

长三角各省市应当积极联合组建统一的区域行政执法机制，负责协调区

---

① 孙立锋，夏艺瑄：《长三角城市群格局与宁波都市圈建设》，载《开放导报》2017年第1期。

域内各地方政府在市场准入、运营监管和企业退市清查等典型经济管理活动中可能出现的各类行政管控冲突；完善行政执法交流协调机制，推动区域内不同辖区不同层级的执法主体围绕普遍性的执法难题进行广泛交流，各抒己见，集思广益，突破思维模式的本地化局限，寻找具有一般适应性的治疗药方。

（四）推动长三角更高质量法治一体化的科技驱动

1. 基于大数据分析的统一证据标准、定罪要素体系研发

运用大数据、人工智能等技术实现证据标准数据化、模型化，整合司法业务专家、大数据技术研发骨干，进行逮捕、起诉证据标准及监督、定罪要素等规则梳理，构建基于大数据分析的渐进式证据标准指引与定罪要素体系建设。

2. 联合打造司法数据库跨区域应用系统

在刑事案件、重大民事案件中发挥司法数据库智能辅助作用，在简易民事案件中力求实现人工智能的主导作用，打造真正意义上的“智慧法院”和“智慧检察院”。

3. 加深司法联动协作程度

以司法执行领域为重点，推进建设长三角地区社会诚信体系工程；通过司法数据库汇总待执行案件，即时更新案件执行状态，提供案件执行情况的便捷查询入口，实现案件审理、执行和监督过程信息化一条龙服务。

（五）推动长三角更高质量法治一体化的智库建设

1. 坚持中国特色社会主义法治道路

新时代的法治智库建设，应以习近平新时代中国特色社会主义思想为指引，坚持中国特色社会主义法治道路，加强司法改革、社会治理、法治建设等领域的调查研究、理论探讨、实践探索，进而成为政府部门、事业单位、社会组织、企业团体提供优质的智力研究成果和决策咨询建议的“外脑”。

2. 聚焦长三角一体化发展

聚焦长三角更高质量一体化发展中的复杂、多元、动态的法治协同难题，做足知识存量。作为专业领域的研究机构，智库是知识与思想的承载

者，专业智库要更好地服务于长三角更高质量一体化发展，必须聚焦长三角一体化发展中的核心、关键难题，通过长期系统地深度研究，进而储备专门知识、信息和经验，以在此基础上提出预见性的、因地制宜的、科学的且行之有效的咨询建议。

3. 加强智库自身建设

大力加强智库人才队伍建设、影响力建设和数据库建设、加强智库的制度化、规范化和持续化建设，使高端智库成为驱动长三角更高质量一体化发展的智力引擎。

本文澄清了长三角区域法治一体化的相关基本概念，从区域一体化发展的基本内容、法治自身的社会作用、当前的区域经济形势、国家政策动向、区域内各省市积极进取的强烈内生动力、长三角地区法治协同历史和现实基础等方面分析了长三角区域一体化发展的价值意义，回顾了过去长三角区域法治协同的主要做法与成绩，分析了当下区域法治协同存在的五大方面的问题及原因，并以此为出发点提出了依靠科技合作构建区域立法、司法、行政和政策的协同机制的观点，呼吁加快推动长三角更高质量法治一体化的智库建设步伐。笔者期待通过对长三角区域一体化发展的粗浅研究，吸引更多的理论智慧聚集于此，共同开出解决长三角区域一体化过程中的突出法律问题的良方，同时希望自己对于这一话题的研究，能够在实际意义上为长三角区域法治一体化尽绵薄之力。

（彭辉，上海社科院法学所副研究员；刘慧，上海政法学院硕士生）

关于深化粤港澳大湾区法律服务合作的若干思考

陈克宇　张济科

【内容摘要】 深化法律服务合作对于粤港澳大湾区发展具有重要意义。目前，粤港澳法律服务行业合作在市场空间、人才支撑、政策支持等方面都具备良好的基础，但是也面临着区际法律冲突、资源“单向”流动以及同质化竞争等问题。为此，本文通过借鉴世界三大湾区的发展经验，结合粤港澳大湾区的情况，提出了注重城市之间法律服务差异化发展、加速内地律所赴港澳布局、建设法律服务聚集区等行业发展方面的建议。

【关键词】 粤港澳大湾区　法律服务合作　法律冲突　同质化竞争

建设粤港澳大湾区，是习近平总书记亲自谋划、亲自部署、亲自推动的国家发展战略，是新时代推动形成全面开放新格局的新举措。2019 年 2 月，中共中央、国务院发布了《粤港澳大湾区发展规划纲要》（以下简称《纲要》），《纲要》作为指引粤港澳大湾区发展建设的纲领性文件，对于湾区的范围和战略地位做了明确规定：“粤港澳大湾区包括香港特别行政区、澳门特别行政区和广东省广州市、深圳市、珠海市、佛山市、惠州市、东莞市、中山市、江门市、肇庆市（以下称珠三角九市），总面积 5.6 万平方千米，2017 年末总人口约 7000 万人，是我国开放程度最高、经济活力最强的区域之一，在国家发展大局中具有重要战略地位。”

除粤港澳大湾区外，目前世界上还有三大湾区，分别为东京湾区、纽约湾区、旧金山湾区。从经济体量上看，粤港澳大湾区同世界三大湾区相比不落下风。2017 年，粤港澳大湾区 11 城生产总值之和已超过 10 万亿元，折合约 15 145 亿美元，略低于东京湾区，与纽约湾区旗鼓相当，远超旧金山湾区。但衡量湾区建设的成功与否不能单依靠经济指标的叠加，目前粤港澳大湾区在资源配置的合理性与生产要素流动的效率上，与世界三大湾区相比仍有较大差距，同时还面临着区际法律冲突等特有问题。在这种情况下，法律服务行业作为生产要素流转中的“润滑剂”，将对粤港澳湾区发展起到关键作用。

一、大湾区法律服务行业合作的基础条件

（一）广阔的法律服务市场与合作空间

据统计，2017 年粤港澳大湾区内地九市区域生产总值共计 7.58 万亿元，约占 2017 年中国国内生产总值总量（82.71 万亿元）的 9.17%；若加上香港和澳门地区，则粤港澳大湾区的区域生产总值占据了我国国内生产总值总量的 12.16%（表 1）。

表 1　粤港澳大湾区各大城市生产总值及常住人口情况

城市	2017 年生产总值（亿元）	常住人口（万人）
广州	21 503.15	1449.84
深圳	22 438.39	1252.83
东莞	7582.12	834.25
佛山	9549.6	765.67
惠州	3830.58	477.7
江门	2690.25	456.17
珠海	2564.73	176.54
肇庆	2200.61	411.54
中山	3450.31	326
香港	21 516.6	740.98
澳门	3255	65.31
合计	100 581.34	6956.83

数据来源：《财新周刊》2018 年第 21 期。

对外贸易方面，2018 年 1—10 月粤港澳大湾区内地九市进出口总值高达 5.36 万亿元（表 2）。庞大的经济体量使粤港澳大湾区具备广阔的法律服务市场，活跃的对外贸易也为涉外业务跨区域合作提供了良好的基础。

表 2　内地九市 2018 年 1—10 月进出口总值排名

排名	城市	进出口总值	进口总值	出口总值
1	深圳	24 551.05	11 506.12	13 044.93
2	东莞	11 076.31	4626.84	6449.47
3	广州	8022.11	3427.07	4595.04
4	佛山	3781	暂缺	暂缺
5	珠海	2765.12	1178.07	1587.04
6	惠州	2751.7	950.3	1801.4
7	中山	1918.56	447.88	1470.68
8	江门	1196	277.4	918.6
9	肇庆	314.9	122.7	192.2

（单位：亿元）

数据来源：各市海关网、广东省人民政府、南方网。

而且，内地律师收入占生产总值的比例同发达国家相比还有很大差距。根据行业协会披露的数据，2017 年深圳市、广州市律师收入分别为 56 亿元、47 亿元，占两市生产总值的比例分别为 0.25% 与 0.22%；而有学者研究称，2014 年美国、英国律师业收入占其国家生产总值的比例分别为 1.51%、1.19%。[①] 可见，内地的法律服务市场还有巨大的发展空间。随着粤港澳大湾区建设不断深入，大湾区内地城市法律服务行业市场开拓必将加速，逐渐接近发达国家或地区的水平。

（二）日益便捷的交通与通信

《纲要》将“构建现代化的综合交通运输体系”和“优化提升信息基础设施”列为粤港澳大湾区建设的重点工作，并提出了建设世界级机场群、大湾区主要城市间 1 小时通达、建成智慧城市群等宏伟目标。事实上，目前大湾区内部的交通和通信领域已经开展了如火如荼的建设工作。2018 年 11 月 23 日，港珠澳大桥正式开通，一桥飞架三地，被誉为“新世界七大奇迹”之一。根据广东“十三五”规划，未来广东省将实现广州与珠三角各市 1 小时通达，珠三角与粤东西北各市陆路 2 小时左右通达。在轨道交通方面，近

① 彭薇：中国律师仅占全球法律服务业总创收 1.2%，法律服务国际化要“参与规则制定”[EB/OL]. https://www.jfdaily.com/news/detail?id=38725,2016-12-08/2019-05-09。

几年将有共计21个城轨项目陆续开工。按照现有的规划，到2030年前，珠三角地区将基本实现县级以上城镇的轨道交通全覆盖，城镇覆盖率达66%以上。

在通信领域方面，5G网络的大规模应用将使法律服务沟通效率进一步提升。德国专利数据公司IPlytics发布的报告显示，截至2019年4月，中国企业申请的5G通信系统SEPs件数排在全球第一，占比34%。[①] 2019年1月工业和信息化部部长苗圩在接受记者专访时表示：2019年上半年，我国将进行5G商业推广，一些地区将会发放5G临时牌照。预计到2019年下半年，5G的手机等商用产品会陆续投放市场。可见，无论在5G研发还是商业推广方面，我国均处于全球领先位置。而通信技术的进一步发展也为大湾区法律服务资源的对接与深度整合提供了扎实的基础。

（三）法律服务人才支撑

2018年6月，广东省执业律师人数正式突破4万人，占全国律师总人数的10%以上。其中，广州和深圳的律师人数分别突破了1.4万人和1.3万人，并仍在以每年15%左右的速度增长。在人才结构方面，以广州市为例，截至2018年底，广州约1.4万名律师中，拥有本科以上学位的律师13 442名，占全体律师的95.5%，拥有硕士学位的律师3073名，占21.8%；拥有博士学位的律师231名，占1.64%。而且这其中也不乏高端涉外法律服务人才，广州市涉外法律服务领域的专业律师已有数百人，其中有大量欧美海归律师。此外，粤港澳大湾区还坐拥大量高校与科研机构，其中广州的法学教育资源尤其丰富，中山大学和华南理工大学的法学院均有法学一级学科博士点，能够为本地法律服务行业提供源源不断的储备人才。

香港方面更是汇集了大量的高端法律服务人才。截至2017年年底，香港拥有执业证书的律师共有9463人，其中执业年限超过10年的资深律师占比高达56%。高校方面，香港大学、香港中文大学的法学专业全球知名。高质量的从业人员为两地法律服务行业实现对接提供了人才支撑。

（四）国家战略、政策支持和指引

2019年2月印发的《纲要》，作为粤港澳大湾区今后一段时期内发展的

---

① IPlytics：《Who is leading the 5G patent race?》[EB/OL]. https://www.iplytics.com/wp-content/uploads/2019/01/Who-Leads-the-5G-Patent-Race_2019.pdf,2019-04-11/2019-05-09.

纲领性文件，在为大湾区建设勾画蓝图的同时，也孕育了大量法律服务市场机会。比如《纲要》第五章“加快基础设施互联互通”中，就提出了“建设世界级机场群”“畅通对外综合运输通道”“构筑大湾区快速交通网络”等规划要求。这意味着未来几年内，粤港澳大湾区将要新建、扩建大量机场、铁路、公路。而这些交通基础设施建设从立项到招标采购、融资、施工、运营的整个过程，都需要大量专业法律服务。交通设施建设仅是未来大湾区建设的一个侧面，在信息基础设施建设、能源设施建设、环境治理、教育产业、文旅产业等领域，都会提供大量的法律服务需求。

在粤港澳大湾区战略和“一带一路”倡议的支持和指引下，内地与港澳在司法领域的合作日趋密切。2006 年，《关于内地与香港特区法院相互认可和执行当事人协议管辖的民商事判决的安排》明确对于具有管辖协议案件中作出的需支付款项的终审判决，内地法院与香港法院相互承认并予以执行，两地民商事领域司法协助迈出了历史性一步。2019 年 1 月 18 日，最高人民法院和香港特别行政区政府律政司在北京签署《关于内地与香港特别行政区法院相互认可和执行民商事案件判决的安排》，标志着两地民商事领域司法协助已基本全面覆盖。

具体到法律服务行业本身，内地与港澳的合作也日趋紧密。比如，根据 2014 年出台的《香港特别行政区和澳门特别行政区律师事务所与内地律师事务所在广东省实行合伙联营试行办法》，广州南沙、深圳前海、珠海横琴作为广东自由贸易试验区组成片区，允许香港、澳门的律师事务所与内地律师事务所以合伙联营的形式共同设立律师事务所，为中外客户提供境内外法律服务。经过多年的实践，这一举措为加强粤港法律服务合作，提升内地律师执业能力起到了积极作用。

（五）广、深、港三地的特殊优势

广州作为省会城市与华南地区唯一国家中心城市，而且是除北京、上海外唯一拥有知识产权法院的城市，对于从事华南地区高端法律服务的律师而言，具有地理上的便利性。另一方面，广州拥有大量的外国驻华领事馆，是区域性对外交流中心。据统计，共有 57 个国家在广州设立了领事馆，数量仅次于北京、上海、香港，这使得广州律师在处理涉外法律业务时更加便利。最后，广州作为“千年商都”与传统航运物流中心，具有浓郁的商业文化以及优质的营商环境。

深圳市作为经济特区，是我国改革开放的窗口。深圳市人大及政府根据授权，分别享有制定经济特区法规和经济特区规章的权限。在金融领域，深交所作为内地仅有的两个证券交易所之一，使得深圳成为华南地区金融交易中心。在司法领域，近年来最高人民法院第一巡回法庭、国际商事审判法庭陆续在深圳设立。此外，由于深圳作为计划单列市税收不需要上缴省财政，一般公共预算远超广州，因此在法律服务行业培育等方面投入力度更大。

至于香港的优势则更加明显与特殊。在司法领域，根据《中华人民共和国香港特别行政区基本法》，香港享有独立的司法权；在金融领域，香港是仅次于纽约和伦敦的全球第三大金融中心，港交所 2018 年筹集了 365 亿美元，位居全球第一；就法律服务行业本身而言，香港律师的涉外业务水平远超内地律师。

可见，在粤港澳大湾区城市群中，广州、深圳、香港作为经济体量最大的三个城市，在法律服务领域具有各自的独特优势，若三地能够随着粤港澳大湾区建设进程实现优势互补，则大湾区建设将取得事半功倍的效果。

二、大湾区法律服务合作面临的主要问题

尽管粤港澳大湾区法律服务合作具有良好的基础，也取得了一定的成果，但仍面临许多困难与障碍。《纲要》指出：“‘一国两制’下，粤港澳社会制度不同，法律制度不同，分属于不同关税区域，市场互联互通水平有待进一步提升，生产要素高效便捷流动的良好局面尚未形成。大湾区内部发展差距依然较大，协同性、包容性有待加强，部分地区和领域还存在同质化竞争和资源错配现象。”具体到法律服务行业，主要表现为以下几个问题。

（一）区际法律冲突问题

法律冲突是粤港澳大湾区建设中面临的主要问题之一。广东省是内地法域的组成部分，为社会主义法系，实行类似大陆法系的法律制度；香港为英美法系，具有普通法传统；澳门秉承葡萄牙法律传统，属于大陆法系。港澳特区在民商事、行政管理和刑事法律方面自成独特的法律制度，与内地均存在法律冲突。不仅如此，在关税、货币、外汇、金融等领域，港澳地区也与内地存在明显差异。

在粤港澳大湾区概念出现前，这种冲突主要限于区际司法意义上的民商事法律冲突，对于这种冲突长期的解决办法就是适用管辖地法律，比如香港人到内地买房子，他就适用内地的法律。但在粤港澳大湾区建设的背景下，法律冲突问题将严重影响生产要素的跨区域流动。以资金流动为例，香港金融业实行混业经营，银行资金进出证券市场不受限制，但内地金融业实行分业经营，银行、证券、保险分开；再比如香港对外汇管制几乎没有任何限制，内地却实行结售汇制；香港实行联系汇率制，内地实行有管理的浮动汇率制，这在人民币汇率波动的情况下体现得尤其明显。又如金融业监管中，拥有法定执行权的香港证券及期货事务监察委员会如果要调查内地企业，必须得到内地证监会配合，这就涉及管辖冲突及合作问题。

为解决区际法律冲突问题，《纲要》指出要“合理运用经济特区立法权，加快构建适应开放型经济发展的法律体系，加强深港司法合作交流”。《纲要》反映了我国在协调区际法律冲突中，要尽量通过经济特区立法权与司法合作解决问题，而非国家立法。因此有学者认为，《纲要》并没有提出通过“国家立法”手段达到推动大湾区法律整合的条款，反而处处透露“尊重两制”及“协同及合作”的推进思路。[①]

笔者认为，这种思路是“一国两制”基本国策下的最优选择，但也意味着一些障碍难以从制度上根本破除。在这种情况下，对于区际法律冲突问题，除了顶层设计的协调之外，法律服务行业本身也大有可为。实践证明，许多区际法律冲突问题可以通过法律人的智慧去变通化解。比如，由于内地法律禁止双重股权结构，导致阿里巴巴、百度等中国境内互联网公司只能赴境外上市。为实现境内公司境外上市融资目的，法律人创设了红筹结构；后来为了规避外商投资产业政策等限制，又在红筹结构中引入了 VIE 架构（协议控制）。因此，对于法律服务行业而言，区际法律冲突既是一种挑战，也孕育着机遇。

（二）内地涉外业务发展水平不足的问题

尽管近年来我国特别是珠三角地区涉外业务取得了长足发展，但涉外律师规模与质量仍无法满足日益增长的对外贸易与投资需求。据司法部统计，截至 2017 年，数量超过 30 万人的内地律师中，真正能够熟练做国际法律服

① 文雅靖：《如何协调粤港澳大湾区法律制度体系》，载《开放导报》2019 年第 2 期。

务业务的，仅有约3000人，占整个律师队伍1%。相比之下，截至2017年年底，香港拥有执业证书的律师共有9463人，其中包括大量海外律师，这些海外律师往往具有两地以上的职业资格，不仅精通外语，也熟知国际法律知识。由于内地律师的涉外业务水平尚不能完全与港澳接轨，也导致了许多内地企业在涉外业务中往往要求助于香港或国外律师。因此，要进一步深化粤港澳律师行业合作，必须进一步提高本地律师的涉外业务水平。

（三）粤港法律服务资源“单向性”流动问题

尽管近年来粤港澳法律服务合作取得了一定成绩，但由于两地在法律体系和法律服务市场发展水平等方面的差异，两地合作呈现出香港律师业资源向广东地区“单向性”流动的失衡特点。据统计，截至2017年共有22家香港律所在粤设立代表处，8家在粤批准成立粤港合伙联营律所，但仅有3家广东律所在香港设立了分支机构，1家广东外地律师行与香港律师行组建联营。[①] 简单来说，目前粤港两地律师的合作主要是香港律师“引进来”，而少有广东律师“走出去”。造成这种问题的原因是多方面的。

1. 两地法律服务市场成熟度还相差甚远

除了在涉外业务水平方面有较大差距外，两地律师事务所的规模与管理水平方面也不能等量齐观。根据马太效应，如果粤港双边奉行同一法系，更为发达的香港法律服务抢占内地市场是必然的现象。因此区域法障碍一定程度上也成了保护本土法律服务行业的屏障。但随着粤港澳大湾区建设进程加快，这个屏障也逐渐消解。因此在短期内这种单向性流动趋势可能仍会持续。

2. 香港地区对于两地深度合作的态度与内地不同

鉴于香港是全球金融中心和法律服务中心，因此在粤港澳大湾区建设中，如何保住其地位是香港法律服务行业考虑的重要因素。2018年，深圳市生产总值首次超过香港，更令其加剧了危机意识。此外，香港奉行的司法独立也使其在两地律师业务合作中具有很强的防御心理，比如前阵子闹得沸沸扬扬的“一地两检”问题，在香港所引起的轩然大波估计是内地所没有预料

---

① 郭燕明：《推进粤港律师业从单边开放走向双边合作》，载《广东外语外贸大学学报》2017年第4期。

到的。因此要进一步深化两地法律服务，还要注意消解香港的“防御心理”。

3. 目前广东省、广州市层面对于本地法律服务行业“走出去”的支持力度还有待加强

如前文所述，香港在向内地开放法律服务市场方面动力是相对不足的。如果内地不通过政策针对性地支持本地法律服务行业进入香港，单凭行业自身是很难打开香港市场大门的。因此，如何引导与支持广东律师业“走出去”，以实现粤港律师业的双边开放与对等合作，也是大湾区建设中的重要问题。广东省、广州市层面对于本地法律服务行业“走出去”的支持力度也有待加强。

（四）同质化竞争与资源错配问题

无论是东京湾区、纽约湾区还是旧金山湾区，都有一个明确的中心城市，属于单中心经济结构。而在粤港澳大湾区中，存在着广州、深圳、香港三个经济体量相当的大型城市，而且地理位置十分接近，属于多中心经济结构。理论上讲，单中心经济结构有更高的资源配置效率和决策效率，规模经济效应也更加明显，但中心城市将面临严重的拥挤效应；多中心结构虽然可以有效缓解拥挤效应，但代价是行政效率和资源配置效率降低，也可能出现同质化竞争现象。从全球湾区经济的发展经验来看，单中心湾区的竞争力明显更强。有学者利用竞争互补模型对粤港澳大湾区进行了数学分析，得出了粤港澳大湾区内部存在竞争性大于互补性的结论。① 也就是说粤港澳大湾区采取的多中心结构在经济学上并非是最合理的。但从各中心城市的历史和发展现状来看，采取单中心结构显然缺乏现实基础。因此，多中心结构所带来的同质化竞争与资源错配等问题是粤港澳大湾区建设中难以回避的。

以金融领域为例，《纲要》指出：“发挥香港在金融领域的引领带动作用，巩固和提升香港国际金融中心地位，打造服务‘一带一路’建设的投融资平台。支持广州完善现代金融服务体系，建设区域性私募股权交易市场，建设产权、大宗商品区域交易中心，提升国际化水平。支持深圳依规发展以深圳证券交易所为核心的资本市场，加快推进金融开放创新。”尽管着墨差不多，但国家对广州、深圳、香港在金融领域的定位截然不同。香港是国际

① 陈明勇、廖冰武：《粤港澳大湾区城市竞争互补关系研究》，载《岭南学刊》2018 年第 4 期。

金融中心，深圳是华南地区金融中心，而广州的定位则十分尴尬。若广州也想发展金融业，势必会形成同质化竞争。

目前来看，粤港澳大湾区一个亟须解决的问题就是城市定位重复，广州、深圳、珠海等城市在发展目标、产业布局等诸多方面都高度重叠。具体到法律服务行业，广州、深圳两地“律师万人比”几乎相同，每年执业律师增长率也大体相当；业务结构方面，两地也都面临传统业务律师人数严重过剩，高端业务人才相对短缺的局面。这些因素导致广州、深圳两地的法律服务行业间存在大量同质化竞争，笔者作为一名广州律师，对此深有所感。仲裁业务方面也是如此，目前香港已是全球公认的国际商事仲裁中心，但广州、深圳也都提出打造国际商事仲裁中心的目标，势必会与香港构成竞争。这种定位重叠、功能区分度不高的情况，对于大湾区建设发展是不利的。

三、深化大湾区法律服务合作的具体措施

通过以上分析可知，粤港澳大湾区法律服务合作虽具有良好的基础，但也面临种种问题。而这些问题主要源于粤港澳三地的制度差异以及法律服务行业的发展水平差距。前者主要取决于中央的顶层设计与粤港澳的相互协作，显然无法依靠行业自身解决，当然法律人也可以在一定程度上变通化解；而后者能否顺利解决则主要取决于内地法律服务行业自身的发展。笔者认为，为深化粤港澳法律服务合作，内地法律服务行业可采取以下具体措施。

（一）注重城市之间法律服务差异化定位发展

如前文所述，在粤港澳大湾区包含的“9+2”城市群中，广州、深圳、香港的经济体量最大，属于大湾区“中心城市”。但为了避免同质化竞争，这些城市间应当注意定位与功能划分，而非资源的简单叠加。

在差异化定位与功能区分方面，美国旧金山湾区给我们提供了一个很好的参照样本。旧金山湾区主要包括旧金山、奥克兰、圣何塞三个大型城市。而每个城市定位都不尽相同：旧金山市侧重于金融业、旅游业和生物制药业；奥克兰市倾向于装备制造和临港经济；圣何塞市处于硅谷，重点发展信息通信和电子制造、航天航空等高技术产业。可以看出，旧金山湾区内主要

城市之间功能划分较为明确，互相之间没有竞争关系，从而保证了区域整体的发展效率和可持续性。因此，粤港澳大湾区各主要城市的法律服务行业，必须着眼于城市的自身定位与优势，实现法律服务差异化定位发展。比如：广州市作为海事法院所在地，就可以重点发展海事诉讼业务；深圳市作为最高法第一国际商事法庭所在地，可以重点发展涉外商事诉讼业务。但要实现法律服务差异化发展，只靠市场调节无疑是不够的。长期以来，大湾区内地各市都奉行“全方位发展”的思路，往往将更多资源用于扶持本地相对弱势的领域，这对于行业差异化发展反而是不利的。因此，大湾区内地各市特别是广深两地的行业主管部门以及行业协会，应当将资源适度倾斜至本地优势领域，并允许本地部分资源流向异地的优势领域。

（二）鼓励打造律所联盟，强化大湾区法律业务辐射能力

律所联盟是指多个独立的律师事务所以协作、协议的形式在同一区域或跨区域、跨国开展法律服务业务和交流的松散型或半紧密联合合作组织。[①]组建律所联盟，不仅可以使各内部成员律所之间实现一定程度的资源分享以及品牌价值共享，同时也避免了单一律所规模过大所带来的管理问题。对于提供涉外法律服务的律所来说，加入律所联盟对增强在国际上的话语权和影响力也有积极作用。目前，我国较为知名的律所联盟包括中国中世律所联盟（SGLA）、全球精品律所联盟（EGLA）等，但粤港澳大湾区范围内还没有成立专门的律所联盟。因此，广州市律协可以鼓励本地优质律所与深圳、香港等地律所联合成立律所联盟，以进一步实现法律服务资源整合，强化大湾区法律业务的辐射能力。

（三）加强粤港澳间行业交流，建立行业常态化合作机制

近年来，粤港澳大湾区法律服务行业交流日趋密切，内地律协与香港律师会举行了大量学术研讨、走访交流等活动。2018 年 12 月 15 日，广东省律师协会、香港律师会、澳门律师公会以及广州、深圳、珠海、佛山、惠州、东莞、中山、江门、肇庆九地的律师协会共同建立了粤港澳大湾区联席会议制度，对大湾区形成统一的常态化合作机制迈出了重要一步。接下来，一方面，广州市律协可考虑与其他地区的律师协会及香港律师会建立行业数据互

---

① 曹丽：《律所联盟：律师所跨越式发展的捷径》，载《中国律师》2011 年第 3 期。

通、律师奖惩通报等机制，进一步加强交流合作。另一方面，各地律协可建立统一的互联网学术交流平台，对于组织的讲座、培训等学术活动，可通过直播或录像的方式在平台内进行共享。

此外，律师行业还可向其他法律服务领域提供建议，促进深化合作。以仲裁法律服务为例，作为更加重视当事人意思自治的争议解决机构，内地与港澳仲裁机构可通过相互开放仲裁员名单、设立跨区域仲裁庭等方式逐步加强合作，共同探索消解区域间法律制度的壁垒。

（四）出台激励、指引措施，加速本地律所、律师赴港澳布局

我国律所规模化发展是近年来较为明显的现象，广州本地已拥有大量律师数量过百人的律所。但在这些大型律所中，仅有少量律所在港澳地区进行了布局。如上文所述，广东律所在香港设立分支机构与组建联营律所的速度远不及香港律所在广东的布局速度。其中一方面原因在于两地准入门槛存在较大差异；另一方面原因在于香港地区律师行业已经形成了较高的行业壁垒，内地律师赴港开展业务可谓困难重重。

为解决这一问题，政府和行业协会可出台适当的激励、指引措施，并与香港方面进行协商，在鼓励内地律师赴港发展的同时，逐步拓展内地律师处理涉港澳业务的范围。这里以律师见证业务为例。《中国委托公证人（香港）管理办法》（司法部令69号）规定，证明发生在香港地区的法律行为、有法律意义的事实和文书由我国司法部指定的香港律师进行。那么是否可以考虑通过与香港方面达成协议，允许香港联营律所中的内地律师从事在香港发生法律行为的见证业务。此外，律师协会还可以通过粤港地区共同起草民商事领域常见的法律文书示范文本等方式，降低跨区法律服务成本。

（五）建设法律服务聚集区，推动法律服务资源整合

总部经济是指所有单位（包括企业和非企业组织）的总部或者区域性总部对其所在城市产生的经济效应，① 如规模效应、聚集效应、网络效应等。《纲要》指出要“吸引跨国公司总部和国际组织总部落户大湾区”，可见发展总部经济，对于粤港澳大湾区建设具有重要意义。而要吸引企业或国际组织落户，必须要有具备一定规模且成熟的配套法律服务，这也就催生了法律

---

① 王军、魏建：《总部经济的基本概念与发展路径研究》，载《山东社会科学》2006年第9期。

服务聚集区。法律服务聚集区汇聚了大量律师事务所、会计师事务所、审计师事务所等法律服务机构，在满足企业总部需求的同时，本身也发挥着总部经济效应。目前，大湾区内广州、深圳、珠海等地已经纷纷形成了法律服务聚集区。以广州为例，珠江新城 CBD 高端法律服务集聚区已相对成熟，依托市中级人民法院新址的广州律师大厦法律服务集聚区已初具规模，以“涉外”要素为重点的南沙法律服务聚集区也取得了很大发展。当然，现在法律服务聚集区仍处于初级阶段，存在大量问题，如不同法律服务行业之间缺乏彼此沟通交流的平台，也不具备信息共享机制、协同服务模式和共同监管组织，因而最终大多数集聚区只是不同法律服务机构的简单组合。[①] 而笔者在香港交流期间了解到，在香港大型律师事务所的人员构成中，除律师外还有大量的精算师、会计师等专业辅助人员。可见在香港地区，法律服务资源已在很大程度上实现了整合。

因此，在法律服务聚集区建设的下一阶段，除了进一步扩大聚集区的规模与数量外，应当以推动聚集区内部资源整合为重点。具体而言包括以下方面：首先，为确保聚集区的入驻机构之间能够有序竞争，聚集区内可由政府牵头或自发成立自律组织，入驻机构均作为该组织的会员单位；其次，由该自律组织形成聚集区内部的管理规范，如收费标准、利益冲突回避规则、会员单位争议解决机制等；再次，聚集区内部应形成常态化交流机制，鼓励会员单位进行业务合作，或联合进行人才培养；最后，加强法律服务聚集区之间的沟通与合作，搭建资源共享平台，特别是跨区域法律服务聚集区之间，对于异地证据公证（见证）、域外法查明等常见跨区域法律事务，形成公开、便捷的内部采购市场，从而降低此类业务的询价与沟通成本。

（陈克宇，广东智洋律师事务所主任；张继科，广东智洋律师事务所律师）

① 莫然、李峥：《粤港澳大湾区法律服务的聚合与发展》，载《探求》2019 年第 2 期。

东京湾区治理的双重构造与独立合作机制
——对粤港澳大湾区治理的启示

谢郁

【内容摘要】围绕着如何设置和创设最适合国家及地方利益的治理结构，日本东京湾区在统筹与自治、公共与效率两组关系的张力间，确立不同主体的职能分配，并呈现出一个双重构造、独立合作的治理模式。其中，双重构造是指中央与地方各自的权限是清晰的，形成了明显的上下两个结构。中央层面主要是围绕着基本决策权来构造，而地方层面则是以地方自治权为中心建构。前者基于基本决策权衍生出两项辅助性的非典型权力——要求协助权与劝告权；后者则形成了三种相互关联的制度：港湾管理者制度、港湾运营民营化制度与广域连携制度。独立合作机制则是指，自上而下各个治理主体都是在独立的基础上建立协作关系，共同服务于东京湾区的建设与发展。

【关键词】大湾区　治理　东京湾区　央地关系　广域连携制度

一、引言

粤港澳大湾区（以下简称大湾区），是继美国纽约都会区、旧金山湾区和日本东京都市圈之后的世界第四大湾区。大湾区由围绕着中国珠江三角洲地区伶仃洋，包括三个关税区（内地、香港、澳门）、四个核心城市（广州、深圳、香港、澳门）及七个相邻城市（珠海、佛山、东莞、中山、江门、惠州和肇庆）、八个港口（香港、澳门、深圳、广州、中山、珠海、东莞、虎门、江门）组成的城市群。2009 年，《大珠三角城镇群协调发展规划研究》把“湾区发展计划”列为空间总体布局协调计划的一环。2010 年，粤港澳三地政府联合制定《环珠三角宜居湾区建设重点行动计划》，以落实上述跨界地区合作。2016 年 12 月，国家发改委的《加快城市群规划编制工作的通知》，将珠三角湾区概念列入国家战略部署层面。2017 年 7 月 1 日，在国家主席习近平的见证下，香港特别行政区行政长官林郑月娥、澳门特别行政区行政长官崔世安、国家发展和改革委员会主任何立峰、广东省省长马兴瑞，共同签署了《深化粤港澳合作　推进大湾区建设框架协议》。2018 年，中共中央、国务院印发了《粤港澳大湾区发展规划纲要》，纲要指出：粤港澳大湾区由于社会制度和法律制度不同，分属不同关税区域，市场互联互通水平有待进一步提升；内部发展差距较大，协同性、包容性有待加强，并存在同质化竞争和资源错配现象等问题。要求创新大湾区合作发展体制机制、破解合作发展中的突出问题。

大湾区合作发展体制机制的创新，与国家治理体系与治理能力现代化水平的提高分不开。具体而言，这与中央与地方在其中的职责分配与治理关系建构相关联，其中涉及不同区域的有关行政机关、地方政府和相关主体间的协作机制建构。对于如同新生儿的第四大湾区而言，了解与审视世界先进湾区，采取比较研究是一条重要进路。其中，日本的东京湾区是一个重要研究对象，其以政府为主导的区域协调与发展统筹为主要特征的做法，更契合发展规划纲要的理念与适合中国的国情。

东京湾区的既有研究中，多集中于经管、环境、地理等领域，从法学的视角展开治理结构的研究仍属鲜见，当前国内的比较研究，大多粗略地谈及理念和作宏观性的经验概述，未涉及具体法条制度层面；而日本学界，则多集中于个别具体制度，未作整体性描绘及研究。因此，本文以东京湾区治理为轴心，于中央与地方的关系结构内、统筹与自治的需求张力下、经营效率与公共性保障的追求间，探讨东京湾区所建构的治理模式，以期对我们进一步思考及完善大湾区的合作发展治理机制提供一些有益的启示。

二、东京湾区相关政策及计划的历史变迁

在近代以前，没有指代整个东京湾的固有名词，中近代以东京的旧称江户称为“江户前”“江户前海”或称为“内海”，为优良的渔场。现在的称呼是在明治维新后，江户被改称为东京，而海湾由于被多个“令制国”（日本明治前的地方行政区划）包围，故以最大的都市名——东京予以命名，于

地图上记载为“东京湾”，海图上为“东京海湾”，后统一称为“东京湾”。东京湾是日本列岛中部、为关东地区的连接太平洋的海湾，开口向南，海湾口为浦贺水道，从馆山市洲埼灯塔到三浦市剑埼灯塔连线为界及海岸线包围的海域。在现代行政上，其广义指从千叶县立山市的竹枝灯塔到神奈川县三浦市的斋藤灯塔的直线为界及海岸线所包围的区域。1967 年港湾局提出《东京湾港湾计划的基本构思》，将东京港、千叶港、川崎港、横滨港、横须贺港、木更津港、船桥港（后并入千叶港）在内的港口有机整合，形成广域港湾。目前，东京湾区包含一都七县（东京都、崎玉县、千叶县、神奈川县及周边四县），涉及六个港口，各个港口根据其所属城市而各具特色与功能。其中，东京港、横滨港、川崎港又构成超级中枢港湾——京滨港。面对如此多元复杂的主体，港口政策与整备规划，在东京湾区的治理与发展中具有统帅地位，这也是维持中央权威与基本秩序一极的根本保障。我们可以借由两者，大致地了解东京湾区的整个历史发展脉络。

（一）港口政策的历史变迁

1950 年代中后期，日本为了追随美国集装箱化的步伐，加快对进口木材、煤炭、铁矿石等港口调整，强化“原料进口、产品出口”的加工贸易系统。1950 年，《港湾法》（昭和 25 年法律第 218 号）制定，以地方自治的理念创制了“港湾管理者制度”。地方政府对港口的建设、管理和运营，主要采取“独立核算制”。当时，多数是企业自己投资修建的“专用码头”，国家则通过制定“钢铁、石油港口制度”等支持他们的整备工程。而且，基于“全国综合开发规划”“新产业城市建设促进法”及“工业发展特别地区调整促进法”等推动，工业港口的开发提速，支撑了高速的经济增长。然而，1970 年代开始，随着韩国、新加坡的经济崛起，他们提出的积极港口政策，先日本一步采用“大水深、高标准”的集装箱码头，并利用最新信息技术提高港口的运作效率，给日本港口的亚洲地位带来了挑战。面对来势汹汹的亚洲邻国，1985 年，日本战后首次制定了港湾的中长期政策——“21 世纪的港湾”，要求港湾建设应立基于日本社会的成熟化而实现多元化与高度化，确立了建立“物流、产业、生活相关的功能和谐的综合性港湾空间”的目标。随后，1990 年制定的“以丰富的水服务台作为目标”作为跟进规划，谋求内港地区再开发等提高港湾空间质量的事项。

1995 年，为了应对同年年初发生的阪神—淡路大地震所导致的亚洲国家过境货物流失（大多流入釜山港）问题，加强港口的国际（亚洲）竞争力，配合世界经济全球化的进展，日本制定了“支撑大交流时代的港湾”计划，指定了中枢、核心港口，并根据港口的功能、特征等因素进行重点投资，实现资源的高效配置。一方面，在“选择和集中”的方针下，通过推进集装箱船的迅速大型化、促进集装箱船公司之间的联盟重组、缩小主要航线的停靠地等，实施超级中枢港口政策；另一方面，进一步维持和扩大北美、欧洲干线航线的日本停靠港口，优化企业的地理环境，以“集货”“创货”和“竞争力强化”三大着力点实施国际集装箱战略港口政策。2000 年，通过制定“将生活连接到海洋和世界的展望”计划，进一步将完善中枢、核心国际港湾等任务与开发保全航线对策相结合，谋求提供具有国际竞争力的高质量物流服务。这一期间，各个港口间的职能分工愈发明确，举其中四个特定重要港口为例：东京港依托东京，有完善的道路网连接生产中心，为支持首都圈活动的商业港口，服务于主要航线和亚洲航线；川崎港是冷藏、冷冻仓库集中地，毗邻综合配送中心，故可利用港口周边的大量仓库设施，担当枢纽角色，为逐渐增加的亚洲进口商品提供服务；横滨港靠近东京湾入口，是优质天然深水港，为此建造接收大型货柜船的高深特大型泊位，主要承担定期航线的运输枢纽和北美航线的日本国际转运枢纽的功能；千叶港是京业工业区的重要组成部分，主要作为为能源输入、地方产业的物流港和灾害发生时的紧急物资的海上输送港。

2010 年，日本政府提出“面向 21 世纪日本的复兴的 21 项国家战略计划”，其中港口方面，“试图推进港口的选择与集中，实现活用民间智慧与资金的港口经营”。“国际 bluk（大型）战略港湾政策”的引进，根据谷物、煤炭及铁矿石的品种选定据点港，通过公共事业建设大水深码头，促进企业间连携共同筹措、共同运输，削减运输成本，以面对以中国为首的亚洲近邻各国经济高速发展所带来的挑战，在资源、能源、粮食等获取方面的世界性竞争中赢得优势。此外，20 世纪 60 年代经济高速增长期中大量修建的企业专用码头，已处于老化阶段，为确保其竞争力，需要进行必要的更新。2017 年，日本再次制定了港湾的中长期政策，提出要在 2030 年实现三个基本目标：建立“连接世界、更加开放的连接端口（connected port）”“创造新价值的优质港口（premium port）”“引导第四次产业革命的智能平台（smart port）”。为实现上述目标，计划提出了八项支柱性工作，包括①建构支持全球价值链（global value chaim）的海上运输网；②构建创造持续可能新价值的国内物流体系；③列岛的观光岛（cruise island）化；④形成有品牌价值的生产空间；⑤形成新资源能源的进出口据点；⑥港湾及物流活动的绿色化；⑦积极利用信息通讯技术，推动港口的智能化与强韧化；⑧港口建设、维护管理技术的变革与海外发展等八项支柱事业。

（二）首都圈整备（完善）计划的历史变迁

东京湾区起于东京，而以东京为中心、半径100千米内的区域，为“首都圈”。首都圈的整备与发展，深刻影响着东京湾区的基本治理样态。经过战后的复兴期、经济高速增长期，日本人口及城市各功能显著向东京集中，形成了极其依赖东京中心部的巨大都市圈，并随之引发了交通、环境、生活等一系列大城市问题。针对这些问题，1956年制定《首都圈整备法》（昭和31年法律第83号）、“首都圈整备计划”及一系列基于计划的政策实施的积极整合措施。1958年制定的第一次首都圈基本规划与1968年制定的第二次首都圈基本规划中，为了应对以经济高速增长为背景的大城市膨胀和抑制向大城市集中的人口与产业，开始有计划地展开市街地建设，并以与绿地空间和谐共存为目的推进政策实施；在1976年（昭和51年）制定的第3次首都圈基本规划中，为了纠正东京大都市地区对东京都中心的极端依赖结构，则开始培养“核城市”，以促成多极结构的广域城市复合体形成，并在这些城市的周边地区配套以往的农业及工业生产等，充实复合体的业务、教育和文化等诸功能。

1986年（昭和61年）制定的第4次首都圈基本计划，延续第3次的路线方针，进一步纠正东京都地区的极端依赖结构，以业务核城市为中心形成自立都市圈，将东京都地区作为多核多圈区域型的地域结构进行再构造。同时在周边地区，以核心城市圈等为中心，促进各种功能的集成，强化地区相互合作，提高地方自立性。1988年（昭和63年）制定《多极分散型国土形成促进法》（昭和63年法律第83号），涉及国家行政机关等的迁移，地方的振兴开发，大都市功能的改善，住宅等供给与地区间交流的促进等，推进了在第4次首都圈基本计划中表示的业务核城市的整备目标。

1999年（平成11年）制定的第5次首都圈基本计划，谋求从对东京中心部的极端依赖结构，到形成以首都圈各地区的据点城市为中心的“分散型网络结构”这一目标，建立具有高自立性且可进行互相的功能分担、连携和交流的据点城市；同时，与首都圈内外进行广泛连携的业务核心城市、关东北部地区等中型核心城市圈将作为“广泛合作据点”进行培育整备。随后，2002年废除了抑制现有市街地的人口、产业集中的工业等限制制度。2005年，日本进行国土计划法体系的修改，并统合过往的首都圈基本计划和首都圈整备计划，由于首都圈整备计划必须与国土形成计划保持协调，2006年制定了新的首都圈整备计划。

2016年，基于2015年8月日本政府决定的国土形成计划（全国规划）所提出的国土目的与基本构想，国土交通省制定了第6次首都圈计划。该计划确立了建设“确立稳固的安全”“引领日本经济的首都圈”“利用交通网络层面的对流（互动）创造”和“创造环境共生型的地域结构与生活样式”的任务。其中，所谓“对流”是指具有多样性的地区之间基于协作而产生的人、物、金钱和信息的双向积极流动。为了促进通过“对流”的创新，需要各个地方突出其个性，支撑各种各样的流动的国土结构。形成对流原动力的地区个性，必须基于地方自身的选择与责任下进行磨合，在加强地区自治能力的同时，继续致力于地方分权和放松限制。

综上，我们看到在东京湾区整个的历史发展过程中，港口政策与整备规划的底色——地方自治理念，是一致的。整体上，东京湾区虽然囊括了诸多城市、地区与港口，涉及各个不同层面的主体，但其通过制定统一的“法律—政策—规划—制度”，编织并确保了一个基本的规范框架。地方自治性的存在，恰恰由于树立了国家在总体规划中的地位。更重要的是，地方及各个区域，其不同个性又是始终被强调与贯彻的，资源的优化分配、地区间交流合作，其前提是地区本身所保有的特色，这一特色来自于各个地方对自身的理解、选择与责任。因而不同功能定位的港口才得以确立，中枢港口政策才得以实施，进而6个港口在对外竞争中能够作为一个多功能的复合体获得强大的竞争力；东京都地区去中心也才得以可能，多核多圈区域型构造才得以形成，进而使整个首都圈拥有实现流创造型区域构造目标的基础。以下，将着重说明这种治理结构是如何建构的。

三、东京湾区治理中的中央与地方

由于日本宪法明确规定地方享有自治权，地方政府也称之为“地方自治体”。此体制上的缘故，自然使得中央与地方在东京湾区治理上所要谋求关系是趋向于统筹与配合，协调与联合。为此，形成一种独特的双重构造、独立合作的治理模式。双重构造是指中央与地方各自的权限是清晰的，形成了明显的上下两个结构。中央层面的结构主要是围绕着基本决策权构建的，而地方层面的结构则是围绕着地方自治权而构建的。独立合作机制，则是指自上而下各个治理主体都是在独立的基础上建立协作关系。

（一）在中央层面，日本国际商港的主管机关为“国土交通省”（Ministry ofLand，Infrastructure，Transport and Tourism）

2001年1月6日，日本政府进行中央部会重组，将主管海陆空运输、港湾、船舶、交通、气象等机关的“运输省”，主管道路、河川、政府厅舍建造维护等建设事业的“建设省”，主管北海道综合开发事务的“北海道开发厅”，以及主管土地、水资源、离岛建设、灾害防治及大都会圈政策等的“国土厅”合并，组成“国土交通省”。国土交通省下设置海事局（Maritime Bureau）综合处理港政及航政业务，以及港湾局（Ports and Harbours Bureau）综合处理港湾经营管理相关业务。国土交通省在东京湾区治理与发展中具有关键性作用，享有基本决策权，以及两项辅助性权力——要求协助权与劝告权。

1. 基本决策权

决策内容主要包括港湾政策、首都整备计划、港湾设施建设、据点港湾指定等重大事项，这一根本性权力主要见于《首都圈整备法》《港湾法》等。如《首都圈整备法》第22条第1项规定的决定首都圈整备计划，《港湾法》规定的国土交通大臣应制定港湾及航线的开发、利用及保全的基本方针，可根据港湾管理者的申请批准相关港湾设施的建设，可根据规定应考虑的不同情况指定“特定货物进口据点港湾”、国际旅客船据点形成港湾等。这些规定都内含了相应的限制要件：①裁量的统制条件，包括两个方面，一是依申请的被动裁量。如港湾设施建设需要依据港湾管理者的申请。二是规定若干考量因素。如对基本方针可规定的七项内容及目的予以明确；对特定货物进口据点港湾的制定，规定需考虑到“进口散装货物处理量及其他国土交通省令规定的情况”“有利于促进进口散装货物海运联合化”“国际战略港湾、国际据点港湾或重要港湾的有效利用”“加强我国产业的国际竞争力”等，而因素实际也就是指定时需要作出论证其正当性的方面。②“权力—责任”构造中听取意见责任的设定。比如，国土交通大臣在决定京都圈整备计划时，必须听取有关行政机关长官（如关东地方整备局长、关东运输局长、东京海上保安部长等）、有关都县及审议会的意见；在制定或变更基本方针时，必须与有关行政机关的长官进行协议，听取交通政策审议会的意见。而且，要求国土交通大臣在收到相关都县或港湾管理者的意见申请时，应及时作出回答。这样构成了一个基本的行为模式：听取—回应—决策。此种模式同样贯穿于决策之后，例如，国土交通大臣决定并按照国土交通省令的规定公布首都圈整备计划后，对公布的事项有利害关系的人，可以自公布之日起三十天以内，将其意见按国土交通省令的规定向国土交通大臣提出申请，后者必须考虑其申请，采取必要的措施；与此相应的，首都圈整备计划的实施包括近郊建设地带和城市开发区域的指定，两者都需要在听取有关地方政府及审议会的意见，以及与有关行政机关长官协商后，才可以作出指定。因此，所谓国土交通大臣的听取意见的责任，若换以权利的角度而言，实质是赋予并保障了相关利害关系主体的意见提出权。也即，基本决策权与其说是以决策为主的权力构造，毋宁是一种围绕意见展开并谋求合意的权力构造。

2. 要求协助权

为了保障国土交通大臣的基本决策权能够顺利实现，法律赋予了国土交通大臣一项辅助性权力——要求相关主体协助的权力。例如，《首都圈整备法》第22条第2款规定即当国土交通大臣认为有必要制定首都圈整备计划时，有关行政机关长官、有关地方政府以及相关事业者（如东京港运协会、东京仓库协会、日本船主协会、东京湾劳动组织联合会等）需要提交资料、陈述意见陈述、说明以及其他必要的协助。这一辅助性权力同时创设出另一项相对性的义务，即有关行政机关长官、有关地方政府以及相关事业者的协助义务。就此而言，所谓“要求协助权”内含着“权利—义务”结构，但这种义务又并非以国土交通大臣的协助主张为启动要件，而是以首都圈整备计划是否需要制定作为生效要件。因此，国土交通大臣实际享有的程序启动的权力，并不存在是否需要有关主体提供协助的裁量权；对于相关主体而言，则一旦国土交通大臣决定制定首都圈整备计划，就有提供必要协助的义务。再如，在首都圈整备计划实施上，有关行政机关长官、有关地方政府及相关事业者，同样规定了必须尽可能予以协助的义务。

3. 劝告权

为了解决计划实施过程中，国家计划与部门或地方具体计划实施间存在的各种张力而设置的劝告权，同样是服务于基本决策权：一方面，它是国土交通大臣此权力的自然延伸；另一方面，则是发挥国土交通大臣统筹功能的必要之举。日本行政法中，劝告属于行政指导。一般而言，行政指导从法律形式上不具有对相对人的强制力或法的拘束力，相反是在相对人任意合作下实现行政目的的行为形式。然而，即便都是行政指导，也有拘束力程度的区分，从相关行政措施的规定来看，可作“助言/指导—劝告—命令—待执行”排列。可以看到，劝告是严厉于指导，最接近于命令的行政措施。更为重要的是，在计划实施过程中，当国土交通大臣在认为有必要时，可以对有关行政机关、有关地方政府或相关事业者提出首都圈整备计划的实施“劝告”，以及要求他们给予对该劝告所采取的措施的相关报告；或者在港口事务上，“劝告”港湾管理者修订其港口规划，或涉及多个的港湾管理者设立协议会，以加强彼此的沟通和协调，使有关海湾开发、利用和保全的重要事项能够相互联系调整。换言之，法律赋予了国土交通大臣行政指导以一定的拘束力。而且，该法律对其要件和内容未做约定（“认为有必要时”），给了国土交通大臣不受拘束的判断权，此种自由裁量很容易导致行政责任不明确，以及导致上级对下级的任意干涉。当然，即便如此，对不服从劝告者，不得强迫执行劝告的内容，或对该不服从劝告者适用罚则，这是行政指导的界限，也是确保有关行政机关，有关地方政府或相关事业者相对独立自治的关键。例如，港湾法第3条之4第2项规定，可以不依据国土交通大臣的提案变更港口计划，但是必须说明理由。

（二）在地方层面，目前日本各港口的管理体制主要是依据《港湾法》设置的“港市合一”管理体制

“港湾管理者”承担有关港口的开发、利用及管理的责任，并为此进行必要业务的主体。两类主体可作为“港湾管理者”：①第一类是根据该法第2章第1节的规定，地方政府单独或共同制定章程设立的港务局。发起设立港务局的相关地方政府，必须经议会决议和公告相关信息、听取其他相关地方政府（都道府县、市区町村等）的意见，以及根据国土交通省令对不同类型港口的规定，获得国土交通大臣或相关管辖的都道府县长官的同意。如东京港设立的京都港湾局。②第二类是根据该法第33条规定的地方政府，对不设立港务局的港口，相关地方政府可以单独作为“港湾管理者”，或者作为港湾管理者根据《地方自治法》（昭和22年法律第67号）第284条第2

项或者第 3 项规定，为了处理部分共同事务或者“广域计划”而协定设立的地方政府联合组织。如横滨的港湾管理者为横滨市，千叶港的港湾管理者为千叶县等。地方层面的以港湾管理者为首的东京湾区治理结构，其架构主要由下述三种制度搭建而成。

1. 港湾管理者制度

《港湾法》根据驻日盟军总司令部（日本又简称总司令部，General Head Quarters，缩写 GHQ）的指令，确立了港湾管理者制度。当时，总司令部试图将美国的港湾建设、运营体系导入日本，认为“关于港湾的管理运营给予地方最大限度的地方自治权，而且，应该通过制定法律赋予地方公共团体以下功能，即能设置和创设最适合国家及地方利益的港湾管理主体的形态的功能。”借着《港湾法》确立了将港湾管理权移交给地方政府，削弱运输大臣的权限等地方分权性质相关内容的契机，地方政府积极进行港口开发。整体而言，港湾管理者的职责包括：①港口计划的制定，②港口区域及港口设施的维持，③港口设施的施工，④填埋工程等进行土地建设等的规制及许可，⑤在临港地区内设定分区，对显著阻碍港口运作的建筑物建设等进行限制。

（1）港口邻接地区。

为了保护港湾区域（水域），维持水域的港口设施，保护港口的后地，必须积极建设护岸、防潮堤等设施，限制对港口保全有妨碍的行为。为了实现这一目的，港湾管理者在与港口区域相邻的区域内最小限度 100 米以内的区域为港湾邻接区域，从护岸等海岸线 20 米以内的区域内进行建筑物的建设或者改建，对公共空间的占用、砂土的采集等进行规定或许可，对其他可能对港口的开发、利用和保全造成严重影响的行为给予限制。

（2）公共水面的管理。

港湾区域（水域）中，作为航路、系留地等港湾设施进行管理的区域以外的公共水面，基于水边的仓库业者、港运业者为建造船坞需要一定水域的情形等，在对其影响港口开发和管理运营等进行审查与讨论后，可许可占用。另外，根据《东京都港湾区域及港湾邻接地区占用费等征收条例》（平成 12 年条例第 89 号）的规定，收取占用费。而且，为了对遵守许可等相关各种规定进行指导、监视和对无许可占用其他水域的非法行为进行规制，港湾管理者可通过监视艇等进行日常性的港内巡视。

（3）填埋许可事务。

填海造陆是通过人的行为在一定的水面投入土砂、岩石等，形成陆地的行为，非自然现象。试图通过填埋公共水面而创造土地，并取得所有权的主体，必须按照《公共水面填埋法》获得填埋许可，并根据许可条件在指定期限前动工和竣工，以及获得竣工的批准。此外，码头、防波堤等设施的建设，由于并非以形成陆地为目的的添置，故不是填埋工程。目前，填埋许可的相关程序如图1所示。可以看到，港湾管理者在其中扮演着重要角色，其通过计划制定程序来协调本地、都与国家，以及利益关系人的利益；同时也通过计划，许可与认可两个不同环节，通过资质审查与内容审查来确定填埋工程及事业者。

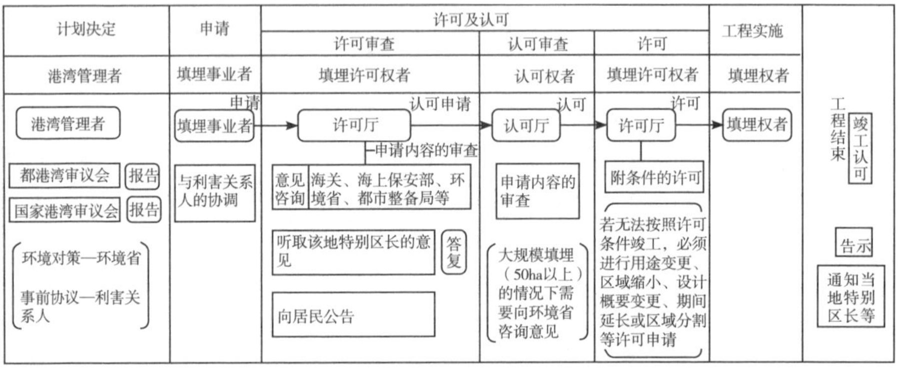

图1　填埋许可事务程序

（4）临港地区及其分区。

所谓临港地区，是指根据《城市规划法》的规定作为临港地区被规定了的区域，或者根据《港口法》的规定由港湾管理者指定了的区域。临港地区的指定有一定的限制，《港湾法》规定了下述范围：①港湾管理者可以开展一定业务的地域范围；②新设或增设工厂等设施必须申报的地域范围；③可以限制建筑物建设等的区域范围；④是否作为港口设施的地域范围；⑤能够承担港湾环境整备费用的地域范围。港湾管理者，可以指定临港地区内的分区，并对显著妨碍各分区目的的建筑物的建设等予以限制。例如，东京港根据《有关东京都临港地区分区中的建筑物条例》（昭和41年条例第37号）划分了七个分区——商业港区、特殊物资港区、工业港区、渔港区、安保港区、休闲停泊港区和景观保护港区，对妨碍港湾管理运营的建筑物予以限制，以图促进港湾功能的发展。

总的来说，地方政府根据《港湾法》获得港湾管理权，基于该权限可以自律地战略性地开展港口整备事业。作为港湾管理者的地方政府在各自行政区域内，通过追求装卸效率化、货物量增大和经济效益等，横向地与其他港口开展规模化竞争，并与试图控制港湾建设的以国土交通省为首的中央政府展开对抗。在这竞争与对抗过程中，港湾的生命力被激活。另外，港湾管理者制度容易将地方长官的想法、地区的课题、船舶公司的意向等反映在港湾整备事业的内容上。但是，若过分强调地方的自主性，也会带来一定的问题，如①港湾管理者间的竞争也可能带来内耗性或冲突性的结果，这不利于资源的优化配置；②使得国家战略性的广泛整顿，以及中央政府对事业的积极干预变得困难，以致于难以面对不断激化的国际竞争；③中央政府的权限的弱化与缩小，使得国家项目性质较强的港口整备事业呈现出复杂的情况，中央难以作为政策的决定者和利害调整者，而只是与港湾事业相关的一个博弈者而已；④在港湾整备中，“国家与港湾管理者”标签下的多元化到了极其复杂的地步，而围绕着政策决定的场域是限制且封闭的，围绕着事业的各主体间的利害若发生冲突对立的话，容易由于行政多元化而迈入困局、形成死结。

2. 港口运营民营化制度

根据2010年6月提出的“面向21世纪日本的复兴的21项国家战略计划”，国土交通省以“选择与集中”和“港口运营的民营化”为重点，对《港湾法》进行了修改。其中，“港湾经营公司”的相关规定于2011年12月15日正式实施。随后，2014年1月，国际集装箱战略港湾推进委员会，创设对港湾运营公司的国家出资制度，以提高港湾竞争力。根据《修改港湾法及特定外贸码头的管理运营相关法律的部分法律》创设的港湾运营公司制度，原本由地方政府和码头公司等实施的港口运营，变成一元经营体制，即限于“一港一社”指定由港湾运营公司担当。港湾运营公司制度引入后的治理结构，国家、港湾管理者与港口运营者三者间的关系更加的简单且分工明确。

在指定港湾经营公司阶段，国际据点港口的港湾管理者根据规划基准省令等法规，确定实施港湾一体化、高效运营的区域，并交由国家交通政策审议会审议。其中，为了使规定的区域，实施能够活用民间能力或其他有利于港口效率化的港口运营措施，审议会可对港湾规划作部分变更。当港湾规划确定后，申请者若要作为运营公司，需要提出申请和提交适合港湾计划的运营计划书。港湾管理者受理申请后，审查申请资料与进行为期两周的公告，与此同时，利害关系人可提出意见书。港湾管理者若认可，则交由国土交通大臣征得同意；获准后，港湾管理者则根据同意书指定港湾运营公司，并进行公示。可见，在港湾经营公司指定的阶段，形成了以港湾管理者为规划、审查和指定主体，而国家持最终决定权的决策模式。

港湾运营公司的构造如图2所示。港湾管理者在一定期限内有偿出让给港湾运营公司经营的码头等地下设施，这一部分由国家和港湾管理者整备。一方面，港湾运营公司获得该设施的费用决定权，可收取使用费，这样港湾运营公司能够面向货主、船社等采取战略性的经营活动。另一方面，龙门起重机等地上设施将由港湾运营公司整备，并通过创设无息贷款制度及税收上的特别措施给予支持。此外，赋予港湾运营公司对变更港湾计划的提案权，因而港湾运营公司可以从计划筹备阶段开始就积极参与进去。而且，作为国际战略港湾的京滨港（包括东京港、川崎港和横滨港），其港口运营公司可以获得政府出资之外，在增加港口附近仓库、增强流通功能等方面作为无息贷款的对象。

港湾运营公司制度的引入，主要是试图调和港口的效率性追求与公共性保障之间的冲突，因而以运营计划为框架，采取港口相关业务一元经营的模式，并赋予了定价权与设施利用整备权。由于港湾运营是民间事业者通过委任而获得的，可以根据后果和机动的意思决定来应对，故不需要国家通过条例作出强制性规定，港湾运营公司可自主决定收取的费用。因此，港湾运营公司能够围绕着如何更好地吸引货主或船社为目的开展经营；在国家或港湾管理者的港口整备基础上长期租用码头群，保障自己经营方针的长远实施；通过自身整备集装箱、仓库、龙门其中机等配套设施，以收取船社等费用来运营码头。因此，为了提高港湾的国际整理，实现活用民间智慧与资金的港口经营，政府必须从法律制度层面修改相应的法律法规，以更好地确保港湾运营公司的计划制定参与权、经营自主权，以及相关的援助政策制度化。

3. 广域连携（区域协作）制度

所谓广域连携，是指围绕公共财产和公共服务的提供，超越地方政府的区域的地方政府间合作。基于广域连携的理念，东京都圈从产业、交通、环

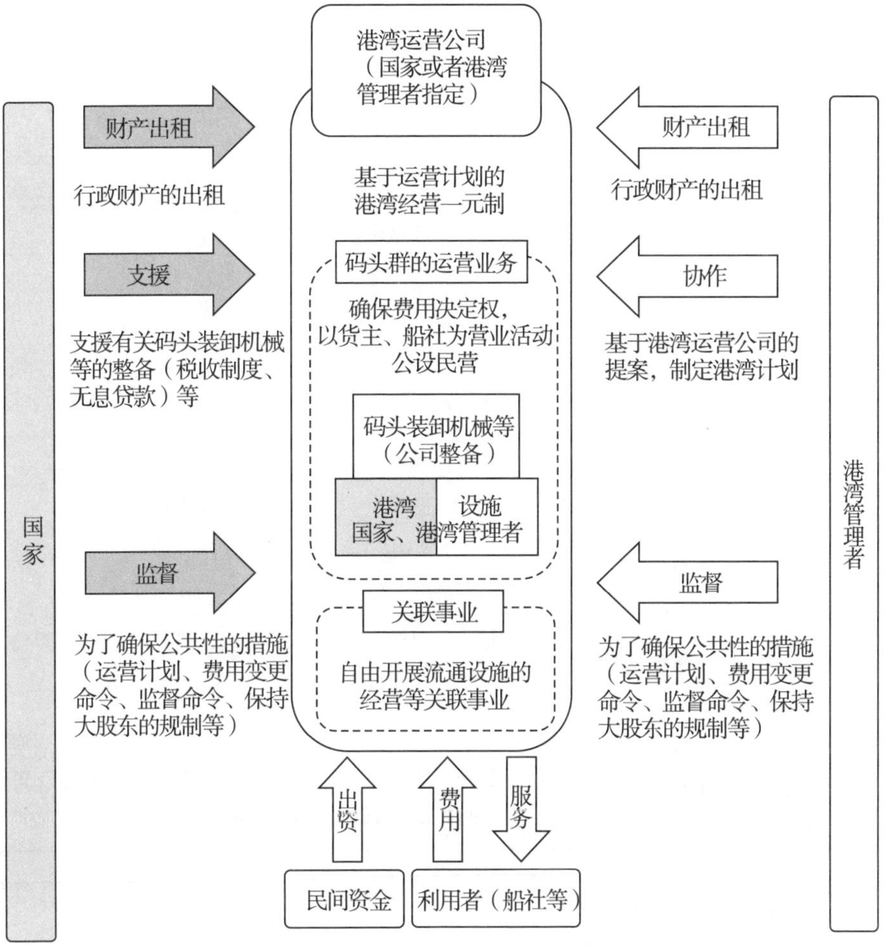

图 2 港湾运营公司的构造

境等不同领域开展了不同功能的多区域合作，代替了国土规划政策区域的作用。广域连携并无明确的行政区域区分，可以是国、县、都市圈、自治体以及地区中任何层次的组合。广域连携制度具有实际操作能力，可以结合公共服务等的需求对各个行政部门提出要求，后者需要根据广域连携组织提出的要求进行相应的广域计划。日本的广域连携制度的概要如表 1 所示：

表1 广域连携制度概要

类别	共同处理制度	制度的概要
非法人型	连携约定	地方公共团体，规定处理连携事务的基本方针及任务分配的制度
	协议会	地方公共团体，为了开展共同管理执行、协作调整、制定计划的制度
	共同设置机关等	多个地方公共团体共同设置委员会或委员、行政机关、负责人的内部组织等的制度
	委托事务	一方地方公共团体委托其他地方公共团体管理、执行其部分事务的制度
	代执行事务	其他地方公共团体以一方地方公共团体的名义管理、执行该地方公共团体的部分事务的制度
	职员派遣	一方地方公共团体应其他地方公共团体的要求派遣工作人员的制度
法人型	部分事务组合	地方公共团体，为了共同处理其部分事务而设置特别地方公共团体的制度
	广域联合机构	地方公共团体，认为事务适合在广域范围内处理而设立特别地方公共团体，并从国家或都道府县获得直接的权限与事务的转让的制度

（1）开发合作方面。

目前，整个东京湾区的开发管理，主要的协商机构是“首都圈港湾连携推进协议会”。日本现行《地方自治法》第252条第21项中指出，“一般地方公共团体，为了共同管理和执行一般地方公共团体的部分事务，或者对普通地方公共团体的事务管理和执行进行联络调整，或者共同制定涉及广域的综合计划，可以通过协议制定规约，设立一般地方公共团体的协议会”。这里所说的“一般地方公共团体”，包含东京都的特别区和作为特别地方公共团体的地方公共团体的组合，从谋求行政运营的简化及合理化的宗旨，根据有关地方公共团体间的协议规定“规约”之后被设置。协议会乃非法人型，为共同执行组织。

1997年，通过对1976年设立的“东京港湾联络调整会议”进行扩充强化的方式，以进一步加强东京湾内港湾间的联合为目的设立“东京湾港湾连携推进协议会”。随后，在要求港口相互间积极开展的广域合作中，为了能够从更加综合的视角构建将关东地区的港湾管理者等作为合作伙伴参与计划的体制，从2006年8月开始，东京湾港湾连携推进协议会重新把茨城县及神奈川县作为相关港湾管理者加入到正式成员中，并改组成“首都圈港湾连携推进协议会”。至此，协议会委员由关东地区诸港的港湾管理者（茨城县、千叶县、东京都、神奈川县、川崎市、横滨市、横须贺市）以及关东地方整备局构成。主要活动为基于成员间的相互紧密联合，从广域综合的视角从事以首都圈港湾的开发、利用及保全为目的的策划、调整、调查、研究和宣传等工作。此外，2008年，东京都、川崎市和横滨市的地方政府为提高京滨港的全球竞争力，达成连携约定——“关于京滨三港的广域连携强化的基本合意”，并在此基础上于2009年12月设立了“京滨港连携协议会”。该联合委员会为改善三者之间的合作，于2011年制订了《京滨港综合计划》，该计划为了实现在“京滨港共同展望”中提出的京滨港应有的未来形象，将2028年前半期作为目标制定了目标年度，并作为三港今后制定的港湾计划的基础。协议会的决策模式，我们可从京滨港连携协议会的决策研讨架构图（图3）窥探一斑。京滨港连携协议会的决策，既依赖于“京滨港广域连携推进会议”的智力支持，后者承担的是智库的角色；也需要“京滨港事业合作委员会”的帮助，后者以提高利用者服务、强化京滨港国际竞争力为使命，与京滨港连携协议会一道实施共同事业和筹备材料等。

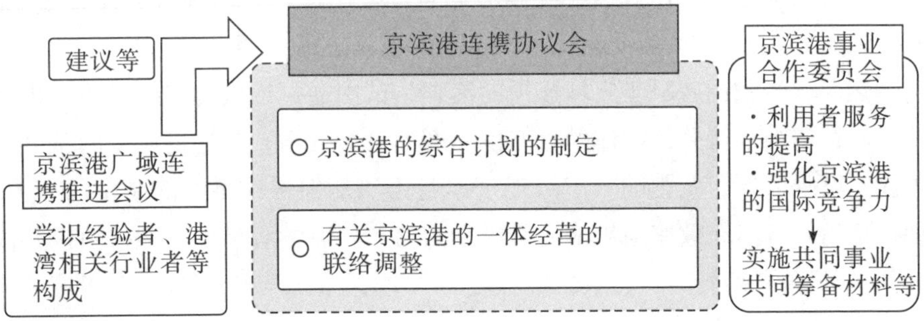

图3　京滨港连携协议会的决策研讨架构图

（2）具体问题方面。

当前对于东京湾区而言，环境污染治理与环境保护已成为建设的一个重要方面。东京湾区内的京叶工业地带，是日本发展加工贸易的心脏地带，然而，在工业发展的同时，亦带来严重的环境污染问题。最新的东京湾港口政策与首都圈整备计划更分别提出了“港湾及物流活动的绿色化”与“创造环境共生型的地域结构与生活样式”的目标。而且，环境问题并非单一地方公共团体即可解决，需要进行区域间、不同主体间的连携。因此，东京都对各区、市、町、村间地区连携施行环境政策进行了财政、技术方面等的各种方式的支援。财政方面创设了“通过与东京都区市町村的合作促进地域环境力活性化事业”，为解决东京都的环境问题，围绕着企业废弃物的3R（减量化、再利用、再流动）规则，推进与区市町村共同讨论，相互连携致力于各种对策的制定与实施。另外，对于东京湾的水质改善、大气中的氮氧化物及浮游粒子状物质等削减对策、产业废弃物的非法丢弃等事项，超过了各个都县市的行政管辖范围，因此设立了九都县市首脑会议环境问题对策委员会和防止产业废弃物不正当处理广域联络协议会等广域连携会议，旨在推进共同合作，开展广域行政。此外，创设“东京湾再生官民连携论坛”，这是一个旨在振兴东京湾，公私主体共同连携、合作的组织。为了让人们重新认识东京湾水环境再生的重要性，在各个领域引起消费者、湾岸居民对东京湾的兴趣与关心，实施带来意识变革的活动，扩大对东京湾再生、环境意识的共识，推进论坛活动的飞跃和加速，自第二期“东京湾的振兴计划”始，将论坛引向独立化以及组织化发展，设置了作为法人组织的“讨论委员会”。讨论委员会的成员包括委员长、官方代表、民间代表、支援团体组织与事务局等，主要实施强化特别项目团队的活动，推进基于特定政策的交流及合作活动，作为相关信息（提供、中介）的收发者，发布东京湾沿岸线的重要活动，开展与其他团体的合作项目，接受资助或援助，以及相关问题的调查研究等工作。

然而，当我们着眼于广域连携的治理，试图通过连携约定提供服务内容的时候，应当坚持公共团体的自律性程度的分析视角，在连携制度的基础上关注制度外的要因及影响。广域连携本身无法能够提供足够的制度约束力，使得自治体必然有效率地供给公共服务与财产。有学者指出，积极引进共同处理事务，可能对市町村自身的组织变革产生负面影响。而且，对于广域连携的政策中被认为是主要的战略性课题——中枢都市圈构想，当把连携约定置入该构想脉络中，并作为担保中枢都市圈构想实效性装置而发挥功能的场合下，实际就打开了连携约定的陷阱。因此，为了不使连携约定制度成为诱使自治体合并的装置，保障自治的连携约定制度的运用和对该法的恰当解释，就具有重要意义。至少，不得进行歧视性的功能分配，以及将有关合作协议的纠纷处理作限定于由自治纠纷委员会的法解释，应当意识到合作内部可能存在的力量失衡。

四、结论

本文从中央与地方及地方之间关系的视角，以制度为脚手架，大致呈现与探讨了东京湾区治理的基本结构模型。从中我们可以发现，始终贯彻其间的问题——如何设置和创设最适合国家及地方利益的东京湾区建设与治理主体；以及围绕着这一问题，在统筹与自治，公共与效率两组关系的张力间，确立不同主体的职能分配。为此，呈现出一个双重构造、独立合作的治理模式。

双重构造中的中央层面，主要是围绕着基本决策权构建的，即国土交通省或国土交通大臣通过制定整体的基本性法令、政策或计划等来确保东京湾发展的基本方针与方向，使之符合中央的统筹安排与国家的发展要求，维持基本的治理秩序。为此，国土交通大臣所享有的两项辅助性权力——要求协助权与劝告权，亦非典型的权力，有着其独特的内在构造与外部边界，无法强制性干涉地方政府。双重构造中的地方层面，则是围绕着地方自治权而构建的，并由此形成了三种相互关联的制度：港湾管理者制度、港湾运营民营化制度与广域连携制度。首先，港湾管理者制度确保了地方政府享有最人限度的自治权；然后，港湾运营民营化制度处理公共性保障与经营效率追求之间的冲突问题；最后，广域连携制度解决的是跨界主体的广域协作治理问题。在上述双重构造的权力与制度的编织中，始终保持着独立合作的机制运作。每个独立主体基于不同层面的裁量权而被清晰地标识出来，而决策参与、意见咨询与协助合作等不同交流模式则在主体间延展出合作的关系。国土交通大臣与港湾事业相关主体（有关行政机关、地方政府与相关事业者）之间，地方政府之间，港湾管理者与港湾运营公司之间，以及地方公共团体之间，都处于这独立且合作的治理结构关系之中，共同服务于东京湾区的建设与发展。

粤港澳大湾区涉及两种不同制度，并内含中国内地、香港和澳门三个关税区，广州、深圳、香港和澳门四个核心城市，以及八个港口（香港、澳门、深圳、广州、中山、珠海、东莞、虎门、江门），治理所面临问题自然比东京湾区更为复杂。这些地方主体，彼此的独立性程度是不同的，但不存在如东京湾区有东京这般超一极的情况。就此而言，四个核心城市能够很好地分担城市、港口功能与分散人口、产业集中，是一个良好的天然多极复合体雏形。为此，中枢城市与中枢港口的确定是有必要的，目前《粤港澳大湾区发展规划纲要》设立的六个极点、四个中心城市、重点节点城市，已搭建了基本雏形。但在功能定位上，必须更充分地听取地方的意见，根据不同地方及港口的自身优势、地理状况和地方特色定位其具体功能。另外，制度、政策与规划层面，必须形成有梯度的、粗细得当的决策层次，自上而下既是一个不断细化方案，也是一个不断激发积极性的过程，应当确立一种围绕意见展开并谋求合意的决策权构造。为此，我们可以在借鉴东京湾区治理模式的基础上，在下述五个方面予以推进：①坚持中央的基本决策权，制定相关基本法律法规、主要政策与基本规划，确定大湾区的根本建设发展方向及基本理念；②赋予地方更大限度的治权，完善各类委员会与咨询机制，并通过港湾管理者制度落实地方权责；③中央以批准与劝告的方式，确保地方规划与国家基本规划在制定与实施上保持根本上的一致，以及发挥其协调统筹不同规划的作用；④中央应提供必要的财政或制度支援，积极推动港湾管理者、地方公共团体间就广域问题开展共同合作治理；⑤实施港口的民营制度化，引入港湾经营公司制度，在确保港湾事业的公共性同时，保障港湾经营公司的经营自主权。

（谢郁，浙江大学光华法学院博士后研究员）

论粤港澳大湾区治理中专门性地区组织的构建

——基于旧金山湾区地区组织的发展经验

韩永红　唐乐韵

【内容摘要】构建协调的管理机制是实现粤港澳大湾区一体化治理的重要制度凭借。但粤港澳三地存在“一个国家、两种制度、三个法域”的独特治理结构。欲在短时间内建立统一的管理机制存在巨大的现实困难。粤港澳大湾区可以借鉴旧金山湾区环境问题治理中“旧金山保护与开发委员会”建立与运行的经验，通过建立以解决特定问题为目标的专门性地区组织来启动管理机构的构建。建议在《深化粤港澳合作推进大湾区建设框架协议》的基础上，着手起草、签订若干《粤港澳大湾区建设实施协议》，界定专门性地区组织在相应问题治理领域的行政权力及立法研究、立法建议职能。

【关键词】粤港澳大湾区　旧金山湾区　跨区域治理　专门性地区组织

一、引言

2019 年 2 月 18 日，中共中央、国务院印发《粤港澳大湾区发展规划纲要》（以下简称《纲要》）对粤港澳大湾区发展作出规划。根据《纲要》，粤港澳大湾区的建设目标是：努力将粤港澳大湾区建设成为更具活力的经济区、宜居宜业宜游的优质生活圈，和内地与港澳深度合作的示范区，携手打造国际一流湾区和世界级城市群。同时，还特别提出三地要深化社会治理合作，“深入推进依法行政，加强大湾区廉政机制协同，打造优质高效廉洁政府……为港澳居民提供及时、高效、便捷的社会服务。”根据《纲要》目标，到 2035 年，大湾区内市场高水平互联互通基本实现，各类资源要素高效便捷流动；区域发展协调性显著增强，对周边地区的引领带动能力进一步提升。可见，粤港澳大湾区建设不仅旨在汇聚三地之力，共同打造新时代我国经济发展的新风口，更旨在实现粤港澳大湾区的一体化治理。

建立协调的管理机制是实现粤港澳大湾区一体化治理的重要制度凭借。但粤、港、澳三地存在“一个国家、两种制度、三个法域”的独特治理结构。在这种治理结构下，粤港澳三地各自拥有不同的政治体系、法律体系和法律管辖权，大湾区发展亟需的要素自由流动和社会公共服务共享等在事实上面临一种法治“割据”状态。三地属于不同的法律管辖区和不同的关税区，各自实行相对独立的海关、出入境管制，客观上对人员、资金、货物、资讯等的自由流动形成制度性壁垒。政治上的不相容性和法治割据阻碍了粤港澳大湾区的有效融合，三地无法在统一的政治和法律体系下对话。统一管理机制的缺位为《纲要》的顺利落实埋下了深层障碍。与此同时，想要在短时间内建立统一的的管理机制，协调三地的发展存在巨大的现实困难。即便三地都由中央从国家政策的宏观方面统一规划布局，但在三地各有已经成熟运行的社会制度和法律体系的现实下，中央并不能通过一刀切的做法强行使三地达成统一和相互认可。况且这样的做法也有悖于“一国两制”政策的初衷。因此，建立粤港澳大湾区管理机制的构建需要从创新机制入手，摸索出适合三地深度合作、协同发展的模式来解决未来面临的各种发展问题。

“他山之石，可以攻玉。”放眼世界各大湾区的发展历程，我们会发现湾区经济的发展和形成面临许多共同的问题。例如，湾区经济一般均涉及多个行政区，在产业分工合作、城市基础设施衔接、生态环境保护等众多方面都需要区域协调。发展成熟的湾区经济无不有着合理的分工协作体系，包括加强统筹规划，明确城市与港口的角色定位，成立湾区政府协会、交通委员会等多种治理组织。其中旧金山湾区的发展经验尤为值得我们关注。粤港澳大湾区与旧金山湾区有着众多共性。从地理位置上看，旧金山湾区与粤港澳大湾区均处于三面环山、一面临海，适宜于发展外向型经济；从地域风格上看，硅谷和深圳也都有敢于变革、善于创新的传统，最为重要的是，粤港澳大湾区是中国创新要素和资源高度聚集的地区之一，深圳在研发成果产业化能力和产业配套能力上都名列世界前茅，并且多元发展新兴产业，这与旧金山湾区的“创新型”特点不谋而合。诺贝尔经济学奖获得者托马斯·萨金特也在广州举行的第十二届泛珠三角区域合作与发展论坛中提到，粤港澳大湾区就像旧金山湾区一样，有很好的大学、工程技术人员，而且有发达的金融市场。

本文旨在考察旧金山湾区的管理机制，从其发展历程中汲取经验，为粤港澳大湾区建立统一、协调的管理机构提出建议。

二、管理机制创新：专门性地区组织助力旧金山湾区实现统一管理

旧金山湾区是美国加利福尼亚州北部的一个大都会区，其生产总值及人口总量均在美国排名靠前，且经济增速领先。目前，旧金山湾区已经成为依靠科研创新为源动力，以旧金山、奥克兰、圣何塞三大城市为核心的世界级湾区。三个中心城市分别承担美国不同的产业功能，旧金山金融业与旅游业发达，奥克兰发展装备制造与港口经济，而圣何塞则是最大的电子制造工业基地。旧金山市、奥克兰市以及圣何塞市三个城市采取不同的发展策略以及产业布局，使三者能够协调发展与合理分工，从而使湾区经济的集合效应最大化。完善的协调机制是湾区经济形成的重要保障。

从地理布局来看，旧金山湾区由 12 个县、众多的大小城市组成，湾区整体发展和内部各个城市地方发展之间面临矛盾和冲突。为协调内部矛盾、推动湾区协同发展，旧金山建立了多种区域治理机制，比如建立旧金山湾区政府协会、大都市交通委员会、海湾区保护和开发委员会以及区域水资源质量控制委员会的专业委员会，负责专项区域的建设和管理，大幅提高了湾区建设和管理的效率。在旧金山湾区区域治理之中的亮点是建立解决专项问题的专门性地区组织，赋予其行政权力，集中解决湾区发展过程中面临的特定问题。

（一）环境问题治理：旧金山保护与开发委员会（BCDC）的建立和发展

旧金山湾区不仅是美国高科技产业集中地区，更因其保留着多丘陵的海岸线、海湾森林山脉和广袤原野，优美的自然生态与极具包容的创新文化相映照，构成了吸引和留住全球顶级人才的关键。20 世纪 60 年代，随着旧金山湾区的经济快速发展和人口急剧膨胀，湾区生态状况日益恶化，自然环境和人居环境面临严重威胁。经济发展的需求和自然资源保护之间的矛盾十分严峻。一方面，经济体量的急剧膨胀为湾区带来了巨大的商业发展机遇，土地面积需要通过填海造地来持续扩张，从而满足公共的需求（建造机场和港湾等）和私人需求（建造私人垂钓和游艇设施等）。无序疯狂的填海行为以

及超负荷的海岸发展持续掠夺着湾区的自然资源、破坏海岸线周边的生态，也侵占了动植物生存繁衍所需的空间和环境。

20世纪60年代早期，一些有责任心的市民、湾区各市县当地环保领袖和团体组成了“拯救旧金山湾区协会”（Save San Francisco Bay Association），该协会不断大规模组织活动，游说加州议会建立常设土地规划机构来保护湾区自然资源和海岸线。美国加利福尼亚州议会（以下简称加州议会）也对此做出了积极的回应，发起建立了“旧金山保护与开发委员会”（以下简称BCDC）这个临时机构负责系统性、专项性地整治无序填海造陆行为、保护湾区自然资源的发展、维护良好的水环境和海岸线生态环境。

BCDC有三大核心职能。第一，规划功能。BCDC负责出具研究报告，为加州议会制定《旧金山湾区规划》（San Francisco Bay Plan）提供依据，并根据现实变化和需求持续跟进、修订该规划。第二，审批职责。即依法行使对旧金山填海造地和土地用途申请的审批权。湾区内填埋计划、土地使用、水资源利用或工程建造都需要经过BCDC的审批才能执行。同时，BCDC的审批依据也应同现存立法和《旧金山湾区规划》规定相一致。第三，执行职责。BCDC拥有执行权来保障其审批权得以实现。BCDC会在相关项目得到审批通过后，持续跟进项目，保证申请人按照其批准事项内容依法行使其权利、承担义务，而不会越界或逾矩。

此后的几十年间，BCDC为湾区填埋和土地管理规范化发挥了巨大作用。1850至1940年间，旧金山湾区填海造地面积每年大概是1500英亩，但从1965至1969年BCDC开始运营短短不到五年的时间里，填海造地面积的降低到了每年94英亩。1969年《旧金山湾区规划》正式出台后，这个数字进一步降低到了每年29英亩。到1974年，BCDC创造了一个历史：其保护修复发湾区开放水域和沼泽区面积超过了1965年以来填海造地的面积。

BCDC的地位也随之提高。1969年，《旧金山湾区规划》由加州议会通过正式出台，将BCDC由临时机构转变为常设机构，并赋予其行政管理权。1976年，BCDC及其规划得到了美国联邦政府的认可，被认定为“自治性沿海区域管理项目”，这意味着自此BCDC的管理运营将获得美国联邦政府拨款的资金支持。

总体而言，BCDC作为一个专门性地区组织在保护自然资源和生态环境上取得了良好的效果，对《旧金山湾区规划》的出台发挥了推动促进作用。其对旧金山湾区的一体化、高效率、综合性管理使得该组织得到了各级政府和社会公众的认可，也让旧金山湾区成为全美国海岸地区管理发展规划的示范地区。

（二）旧金山保护与开发委员会（BCDC）成功运作的原因分析

1. 地区组织得到立法保障、政府认可和司法支持

旧金山湾区的地区治理问题在1960年左右日益凸现。此前，旧金山湾区的人口集中分散在不同的片区，这些片区一直以来都维持着必要的联系沟通以满足部分居民的通勤需求。当时，各片区地方政府提供的服务和制定的规则可以满足不同片区居民的需求，各片区基本可以通过自治的方式实现自我管理，基本不会涉及到跨区域问题也不会对其他城市造成不利影响。然而随着湾区人口的增长和日益分散，许多跨区域的问题日益严重，各片区地方政府发现这些问题仅依靠单个地方政府的力量难以有效地解决，因此建立跨区域管理组织成为了现实需求。但建立此类管理机制在既有的各片区地方政府看来无疑是一种威胁，地方政府权力的让渡可能会影响到其实现各自的社会和经济目标。因此，新建的跨区域管理组织既需要行政权力作为支撑，同时在运用权力的过程中关注地方政府的自治权，以期不对既有的地方政府造成过于严重的威胁。BCDC在建立和发展过程中正是兼顾了以上两个方面，很好处理了与立法机构、政府机构和司法机构之间的关系。

加州议会通过立法赋予了BCDC有两项非常重要的权力——审批权和执行权。审批权用来为可能造成环境污染的填埋项目提供具体的审批门槛，通过考察填埋项目的资质、范围、可行性，评估其对环境造成的不利影响程度和项目实施的力度，进而限制一些可能造成重大环境污染或不必要的填埋项目，为环境保护上一道安全锁。BCDC的审批权来源于McAteer - Petris Act和Suisun Marsh Preservation Act两部法案。前者赋予了BCDC对湾区内海岸线、湿地、盐池等特定区域的填埋和建设项目的审批权。后者规定超过20万美元的填埋和萃取项目或者对土地、水资源等用途造成根本性改变的项目都需要得到BCDC的审批后才能开工建设。BCDC对项目的审批工作必须严格根据上述两部立法和《旧金山湾区规划》相关政策和标准来进行。

为了保证BCDC的审批权能够得到全面的贯彻和落实，上述立法还赋予了BCDC执行权。BCDC的执行权表现在：申请法院裁决令（judicial order）和判决民事罚款、请求行政机关发布项目中止或停止的命令等，在实践中

BCDC经常会合并运用多种执行手段。如果任何申请人不遵守BCDC发布的中止或停止命令，BCDC可以要求法院执行该命令并对拒绝执行人另行处罚。除此之外，如果有规定范围内的填埋项目不经过BCDC审批即开工的，则可能因涉及犯罪被检方提起公诉。BCDC建立有一个常设的执行委员会专门负责跟进执行案件并向BCDC提交执行建议。

BCDC也十分重视与地方政府的配合与合作，因此在履行其职能过程中其着力维护地方政府对敏感区域的管辖权。BCDC只在湾区内具有“整体地区性质”事项上行使权力，确保该权力行使与整个湾区发展紧密相关。具有“整体地区性质”事项是指对湾区整体地区经济非常重要、涉及水资源利用的事项，比如，海滨工业、海港发展、海滨休闲区等被认定为具有“整体地区性质”的优先级事项。除此之外，其他海岸线仍然由地方政府控制，地方政府继续拥有对海岸线规划利用的决策权。BCDC还建立了内部规范，将其行使权力的区域在地图上标注出来，以明确自己的管理范围，保障地方政府对各自管辖范围的管理权。在BCDC表明了其“不必也不会干预地方的决策权”后，其在旧金山湾区实施的统一管理得到了各地方政府的支持。此后，从前具有竞争关系的双方之间——专门性地区组织与周边市县地方政府——形成了协同合作，共同为促进湾区的长远发展作出努力，而不再仅仅关注一个个彼此独立的地方利益。

2. 兼具行政与立法研究、建议多元职能

人们普遍认为，BCDC实现了两大创新。第一，它成功地实现了跨区域的地区管辖。无论此前政治上的城市边界如何划分，BCDC都以整个旧金山湾区生态系统为其治理范围。第二，它为管理整个旧金山湾区的立法提供基本方案设计。制定一份地区整体规划对于城市规划方案取得司法认可来说是非常重要，这样一来，随后的乡村规划方案就更容易受到司法认可，从而促进整个地区的规则得到司法支持。作为一个专注于旧金山湾区环境保护问题的专门性地区组织，BCDC不仅通过行使填埋项目审批权和执行权发挥跨区域的管辖职能，其也是旧金山湾区环境立法的重要研究、规划与建议机构，担当着加州议会的智囊团和立法军师的角色。这使得BCDC的角色更为多元，也加强了其作为一个专业性地区组织的可持续性和公信力。

BCDC的研究职能也有立法依据。《加州参议院第十四号法案》明确了BCDC作为一个研究机构，应该承担向立法机构出具关于旧金山大湾区立法相关研究报告、协助立法的职责。具体来说，BCDC 在旧金山大湾区立法方面有如下两大职责：第一，详细研究旧金山湾区的特点以及其中涉及的经济利益，调查目前湾区和海岸线的利用情况；第二，为湾区水资源的保护和海岸线的开发起草一份综合可行的方案。

BCDC 最重要的贡献是为旧金山湾区起草了著名的《旧金山湾区规划》。这份规划经过四年时间准备，为此 BCDC 召开了大量的公众听证会和相关调查，最终形成报告和草案提交给加州议会。在 1969 年，立法机关颁布了《旧金山湾区规划》，内容涵盖绝大多数 BCDC 草案中的内容和建议。在 1969 年《旧金山湾区规划》颁布实施后，BCDC 针对旧金山湾区多个具体环保问题，如填埋控制、休闲小船、船坞、商业捕鱼、水资源工业、水质量、海平面上升、河道疏浚和海岸线侵蚀等问题形成了报告书。此后，BCDC 还多次根据其报告书中反映的问题和得出的结论以及建议对《旧金山湾区规划》进行了修订，并形成了好几份特殊区域规划，包括《旧金山海滨特殊区域规划》《旧金山海滨总体设计规划》《BCDC 海港规划》等。BCDC 还对旧金山湾区堤坝的历史遗留问题进行了研究。前文所述的 Suisun Marsh Preservation Act 也是根据 BCDC 的研究成果制定而成。此前已有的 *McAteer - Petris Act* 在水资源保护上的规定并不严密，涉及鼓励特定"水资源项目"的开发，这可能会使湿地等生态区域因此成为审批空白区，使得加州最大的连续湿地——Suisun Marsh 陷入环境危机。因此，加州议会在 1974 年要求 BCDC 起草《Suisun 湿地保护方案》，并于 1977 年根据该方案颁布了 *Suisun Marsh Preservation Act*，将环境保护范围扩展到湿地，成功地使 BDCD 的研究成果转化为法律规定。

3. 实现了地区立法与地方立法、联邦立法之间的协调

在旧金山湾区，其优越的地理位置带来了地区经济协同和融合的需求，因此旧金山湾区的一体化管理、周边城市的地方管理以及美国联邦政府的整体管理三者之间难免会出现管辖权的重合和冲突。为了解决这些问题，BCDC 为自身区域管理权的行使设定了界限，融合地区规则和地方规则、联邦规则，形成某些新的规则体系，进一步创新治理机制。这一点体现在管辖权发生交叉的情况下，不同行政管理单位的不同法律和规则的协同和融合。

在处理和周边城市地方政府之间的关系时，如前所述，BCDC 一直都注意避免侵入地方政府管辖的敏感区域。有些地方涉及到管辖权交叉，这时候

BCDC采取的管理措施是分类处理：部分涉及水资源利用的滨海工业、海港和休闲项目，它们的选址被认为对整个湾区经济起到重要作用，因此这些选址区域会被特别标注为“优先级”利用土地，会直接受到《旧金山湾区规划》的约束；而辖区内其他未被标注的海岸区域，地方政府仍握有规划使用的决策权，但地方政府仍需在BCDC制定的《旧金山湾区规划》的框架内行使管辖控制权。

在处理和联邦政府之间的关系时，BCDC也采取了分类处理的方法。在审批由联邦负责开发的项目或需要联邦政府批准、许可或者受到联邦资金资助的项目时，BCDC按照《联邦海岸区域管理法案》行使审批权。为了真正将《联邦海岸区域管理法案》融入到BCDC的运作中，BCDC从20世纪70年代中开始执行《BCDC管理方案》。该方案由美国联邦政府通过，专门用来为BCDC行使联邦政府要求的审批权提供指导和依据。该方案由两部分组成：第一部分叙述了《联邦海岸区域管理法案》的要求，第二部分解释了BCDC将如何行使审批权。因该权力的行使需与联邦政府的要求保持一致性，这种特殊的审批权被称为“联邦一致性审批权”。同时，为了避免《BCDC管理方案》与加州当地法律脱节，该方案在融入《联邦海岸区域管理法案》规定的同时，也融入了许多加州当地的法律规定。这样一来BCDC在行使权力时就既能满足联邦层面要求，又不与加州当地的法律法规相抵触。

三、旧金山湾区经验对粤港澳大湾区构建专业性地区组织的启发

（一）建立专业性地区组织的必要性

包括旧金山在内的世界各大先进湾区都充分利用滨海优势打造“宜空间”，成为人才汇集的重要因素。高科技产业员工选择在硅谷工作及企业选择在当地投资的重要因素之一就是因为当地提供美丽自然环境所带来的高品质生活。从粤港澳地区的发展经历来看，地区优越的地理位置优势和宜人的滨海生态环境吸引着人才和企业，不断创造着经济发展新动力。然而改革开放以来，粤港澳地区经济的持续发展也带来很多污染问题。侧重于加工制造基地的工业化让珠三角地区的土壤、水与空气遭受到严重污染；同时，珠江湾周边很多城市都在实施或准备填海造地，这必然对湾区的自然环境造成极

大破坏。随着未来国家加大对粤港澳大湾区的重视和发展，对用地、建筑、资源和环境的需求也将不断上升，未来势必将有更多的建设工程着手启动，带来更多棘手的环境问题。如果环境得不到有效改善，将严重扼制与离散粤港澳大湾区的集聚效应。

从这个层面来讲，粤港澳大湾区将要面临的环境问题其实和旧金山湾区曾经遇到的问题有极大的相似性。经济发展的日益融合和相互依赖将使得环境问题成为粤港澳三地共同面临的问题，然而仅仅依靠三地政府很难协同解决这些问题。我国传统的跨区域协作模式大多是为了应对大型突发性事件或者是因为上级行机关的命令而启动，横向的政府间缺少主动的合作。然而这种传统的跨区域协作模式有着时间和空间的限制，通常在活动结束后，环境状态又会恢复到以前甚至更严重。由于各行政区划有着自己的利益考量，所以来自于上级命令或者为应付突发事件而进行的合作很难长期进行，导致治理都是治标不治本。面对区域协调发展和高效解决问题的需要，地方政府在处理跨行政区事务时，应该逐渐从分散管理走向一体化管理。我国理论界和实务界曾呼吁借鉴欧盟的经验，成立可以统一管辖所属各行政区的经济区立法、决策、执法和司法机构。这一诉求要求建立领导区域一体化事宜的一级政权机关。然而在合作各方之上再建立一套除已有的上级政权机关以外的立法机构、司法机构和决策机构的组织框架，会涉及我国的宪法修改和宪政改革。在现行宪法框架内，没有呼吁者所主张的一级政权机构的设立空间。全国人大常委会法工委对不按行政区划设立国家机关的做法，也明确持否定态度。

在此种情况下，粤港澳大湾区建设需要另辟路径来构建协调性管理机构。我们以为，粤港澳大湾区可以借鉴旧金山湾区的经验，通过建立以解决特定问题为目标的专门性地区组织来启动协调性管理机构的构建。建设粤港澳大湾区专门性地区组织的优势在于两方面。一方面，建立以解决特定问题为目标的专门性地区组织具有实践探索空间。粤港澳地理位置紧密毗连，经济、社会交往密切，在发展过程中面临诸多需三地协力解决的地区性问题，如环境保护、食品安全等。这些地区性问题本身具有专业性、低政治性和利益攸关性的特点。粤港澳三地政府基于自身利益的考量会有动力认可专门性地区组织发挥特定的权力、解决特定的地区问题。另一方面，建立一个以组织形态存在的地区组织远比突破行政区划、建立一个湾区大政府来得更加便捷、具有可操作性。此类地区组织以解决特定问题为中心而形成权力边界，并不干预地方政府的预算权、规划权等核心管理权，从而很大程度上避免粤港澳三地政府对于“权力让渡”或是自己被迫成为“妥协方”的顾虑。

（二）构建途径：通过《粤港澳大湾区建设实施协议》赋权

在构建途径方面，为了保证专业性地区组织成立的正当性和合法性，建议粤港澳三地在《深化粤港澳合作推进大湾区建设框架协议》（以下简称《框架协议》）的基础上，着手起草、签订若干《粤港澳大湾区建设实施协议》（以下简称《实施协议》）来对专门性地区组织的职能做出具体规定。在旧金山湾区，BCDC依据《旧金山湾区规划》赋予的权力进行填埋项目的审批，从而取得合法性基础。具体到粤港澳大湾区，《框架协议》已将“完善生态建设和环境保护合作机制，建设绿色低碳湾区”作为合作的重点领域之一，并提出要健全实施机制，每年提出推进粤港澳大湾区建设年度重点工作，由国家发展和改革委员会征求广东省人民政府和香港、澳门特别行政区政府以及国家有关部门意见达成一致后，共同推动落实。这些规定为专门性地区组织的建立预留了法律空间。在实施《框架协议》的过程中，应当首先梳理、确定粤港澳大湾区治理过程中面临的问题，将其划分为不同的问题领域，如环境问题、食品安全问题、交通问题等。然后通过签订《实施协议》，分别将不同类型的行政权力分散赋权给不同的专门性地区组织。从而让一个个专门性地区组织成为解决特定问题的“专案小组”，既发挥其专业特长，也防止某一地区组织一家独大甚至演化成非正式的湾区政府。这些跨区域专门性地区组织的建立“有利于粤港澳跳出地方主义思维，强化整体意识与合作理念，为各地不同的观念提供有力的交流平台，在根本上将促进整体机制融合，摆脱现有制度刚性带来的阻碍”。

这些专门性地区组织在成立初期作为相对弱势的行政主体，其权力行使必定面临各种困难。为保障《实施协议》所赋予各专门性地区组织的权力得以有效实施，还应当同时赋予其执法权。粤港澳大湾区内的专门性地区组织应当有权在行政相对人不依法履行义务或超范围行使权利时，根据行政相对人的具体情况、执行难易程度和争议所属行政区划，请求粤港澳三地的法院发布裁决令和判决民事罚款，督促行政相对人进行履行义务。如果行政相对人不遵守地区组织发布的中止或停止命令时，地区组织可以要求有管辖权的法院执行该命令并对行政相对人另行处罚。除了可能受到民事处罚外，当相对人的行为触犯了《环保法》等具体法律时，则可能因涉及犯罪被检方提起公诉。与此同时，专门性地区组织内部应设立起执行委员会，用以跟进法院的执行情况并随时进行沟通，这样有助于法院选择采取最适宜的司法手段以协助专门性地区组织行使权力。

（三）职能多元：立法研究和立法建议

粤港澳大湾区的专门性地区组织还应当具有立法研究和立法建议的职能。粤港澳大湾区建设的难点就在于法治建设，而法治建设的复杂性集中体现在法律制度上的差异。在既有的法治的框架下，如何实现既有规则的整合，在理论上可能有两种思路。

第一种是中央立法式。即由中央自上而下地为粤港澳大湾区立法，这种方式的问题在于中央难以为特别行政区直接立法，也难以为解决地区问题提供切实可行的方案。

第二种是地方间协调立法式。即由粤港澳大湾区的各个城市进行协商、各自立法，解决彼此出现的冲突问题，这种方式的问题在于内地缺乏与港澳进行协商达成共识的法制条件，也难以为达成共识主动让渡权力。因此，这两种思路都缺乏现实的操作性。

目前，《深化粤港澳合作推进大湾区建设框架协议》中只对协调机制和实施机制做了简单的规定，在此情况下，需要地区立法对具体问题的具体方面做出进一步安排。因此粤港澳大湾区需要搭建起大湾区立法建议平台，专门性地区组织在这方面提供了一种新思路：由专门性地区组织就特定问题提出立法建议，再由国家层面整理颁布。

旧金山湾区的 BCDC 成功的原因之一就在于该组织通过持续性研究环境问题、形成报告和立法修法建议，为加州议会起草、颁布和后续修订《旧金山湾区规划》提供了重要支持。BCDC 的立法研究和建议实践也证明：专门性地区组织因其能切实接触具体的地区问题，能为问题的提出和改善提供更可行的解决方案，能为相应法律规则的建立和改进持续性贡献力量。并且专门性地区组织作为问题导向型机构仅在一定范围内针对特定问题提出立法建议，大湾区内各个地方政府不必担心受到过多约束，对立法建议的接受度也会大大增加。因此，不仅应赋予粤港澳大湾区的专门性地区组织以行政权力来解决“守门”问题，更应重视发挥其立法研究和立法建议职能，鼓励其为改进、更新相应问题领域的法律规则做出“战略”贡献。

四、结语

《粤港澳大湾区发展规划纲要》对粤港澳大湾区的战略定位、发展目标、空间布局等方面作了全面规划，但尚需进一步明确制度实施路径。要实现粤港澳大湾区经济社会发展目标，将其打造为具有国际竞争力和影响力的世界级湾区，必须跨越法律制度藩篱、实现区域协调和一体化管理。在管理机构构建方面，建立一个大湾区地区组织或许是未来的大势所趋，但并非目前初始阶段的可行性实施方案。

基于旧金山湾区“旧金山保护与开发委员会”的发展经验来看，粤港澳大湾区应当从建立专门性地区组织着手，以最终启动统一性管理机构的构建。专门性地区组织通过《粤港澳大湾区建设实施协议》获得解决专门性问题领域的行政权力，并立足专门性问题领域，进行法律实务研究，为地区立法提供建议和意见。粤港澳大湾区统一性管理机构的构建尚需长期的努力。但“不积跬步，无以至千里”，在这一过程中，专门性地区组织的建立和运作将是开启跨区域一体化治理的一种可行性选择。

（韩永红，广东外语外贸大学法学院教授、法学博士；唐乐韵，广东外语外贸大学2018级研究生）

会议述评

地方法制研究的三重语境、两个层次和可能未来

魏敦友

2018年11月17日，我很荣幸地受到华南理工大学法学院李旭东博士之盛情邀请，参加了在广州市从化区举办的“地方法制论坛（2018·秋）暨‘地方法制理论与实践’研讨会”。会议本来没有安排我做学术总结，葛洪义教授临时动议赋予我做会议学术总评的重大任务。这是一个沉重的压力，同时也是一个强有力的动力。它促使我在整个会议期间悉心倾听，心无旁骛，反复思考，力图将会议的内容及其内在精神统揽起来。拟定提纲后，在做会议学术总结时，我按照提纲随意申说，整个发言似形成了一个逻辑自洽的有机系统。讲完之后颇得一些朋友的谬赞。黑龙江省社会科学院法学研究所所长冯向辉教授是一个有心人，她将会议全程都做了录音，当她将我的发言录音发给我的时候，我深受感动。回到南宁之后，我约请广西大学法学院2018级本科生覃维嘉同学将录音转换成文字，两位原广西大学法学院硕士生梁晋菲（现任职于广西北部湾国际港务集团有限公司资产管理部）和杨家华（现为浙江大学法学院博士生）参与了文字的校改，此后我又作了修订，最后形成此文。我要在这里特别向冯向辉教授深表谢意！同时也感谢覃维嘉、梁晋菲、杨家华三位同学的辛勤劳作！

——魏敦友于广西大学法学院

2018年12月6日

很高兴又一次来到广州参加地方法制论坛的研讨会。每次来到广州参加地方法制论坛，我都深受震撼。上一次来广州参加华南理工大学广东地方法制研究中心举办的地方法制论坛好像是好几年前了，我的印象特别深刻，那一次深深感觉到葛洪义教授在广州主导的地方法制研究在现代中国法学研究中意义非凡。在广州这样一个特别注重经济发展的地方，有这样一些非常优秀卓越的青年学者从事着非常艰苦的思考，我特别感动，和他们在一起总感

到非常亲切，如同自己的亲兄弟一样。在感动的同时，我也细心地聆听他们深邃的思想，我从他们身上获益良多。这次会议本来没有安排我做学术总结的，但今天上午会议的期间，葛洪义教授希望我做学术总评，一方面我有点受宠若惊，另一方面也倍感压力。听了一天的会，收获很多，下面我从三个方面来谈谈自己的一些体会，希望与大家共勉。

为醒目起见，我将今天所做的会议学术总评拟定了一个题目，即《地方法制研究的三重语境、两个层次和可能未来》。我拟在这个题目之下将今天的地方法制研究置入一个反思性的语境之中，并在此语境之中尝试厘清问题的层次，进而探索可能的未来。

我首先讲第一个关于地方法制研究的语境话题，即本次地方法制研究的“三重语境”问题。我经常想，我们做一件事情，它的内在的原因或者它的背景到底是什么？今天早上旭东博士讲得特别好，他说一条鱼在顺利地悠悠游动的时候，它不会感觉到水的存在。那么，什么时候它会感受到水的存在呢？是在没有水的时候。今天我们这些人为什么会从四面八方汇聚到这个地方来讨论地方法制的问题，它内在的原因是什么呢？这是我们必须加以考虑的一个前提性话题。我想我们今天在这里探讨地方法制问题大致可能有“三重语境”，也就是说，可能有三种路径来对我们当下地方法制研讨做出说明。

第一重语境可以看成是改革开放的语境，我们可以从改革开放的角度来阐释当下对地方法制的研究。可以说，从1978年以来，转眼之间40年过去了，40多年来改革开放不断深入，一直到今天，我们走过了漫长的道路，艰苦卓绝，坎坷不平。从结果上看，今天的中国已成为世界第二大经济体，取得了丰硕的成果。但是当下我们也困难重重，所以从改革开放这样一个语境，也可以说是一种现实的语境来探讨我们当下研究地方法制的内在逻辑，我觉得它是有诠释力的。我们可以从改革开放这一语境看到地方的活力与重要性。这是一重语境。

另外一重语境是经济全球化的语境，这是一种世界性的视角。中国从原先长时期的闭关锁国再到今天，特别是1978年以来，重新开启了中国融入世界的这样一个进程。今天的中国，已成了世界结构的一个重要的建构者，甚至成为了一个新世界秩序的引领者。在这种背景之下，我们讨论地方法制我觉得具有非常重要的意义。刚才也讲到了“反全球化”，“反全球化”有它内在的原因。今天中国成为一个人类新秩序的建构者，也有它内在的原因。当年我在复旦大学做博士后时候的老师俞吾金先生经常跟我说，人类历史能发展到今天，我们可以看到每一个时代都有特定的国家、特定的民族来引领整个人类往前走。几乎在近500年的时间里，引领人类向前走的力量主要是西方，那么到了今天，当西方渐显颓势的情势之下，谁来引领人类世界往前走呢？今天的中国领导人有这个气魄，中国领导人与其他一些重要国家的领导人一道继续推进经济全球化的进程，让人类逐步地融为一体，从而建构起“人类命运共同体”。我们今天讨论地方法制这样的话题也可以从经济全球化语境的角度来加以诠释。我们可以从经济全球化的语境之中看到人类在逐步成为一体的今天，地方如何呈现出其多彩的特色，从而在建构经济全球化进程之中发挥出自己独特的力量。

第三重语境是“大历史”语境。我认为前两种思路都可以对地方法制的内在精神进行一定程度的合理的诠释，但我个人更倾向于从“大历史”的语境来对我们当下，特别是对以葛洪义老师为带头人的地方法制研究进行阐释。这是一种历史性的视角或者称之为一种生成论视角。为什么叫“大历史”呢？“大历史观”是黄仁宇先生最早提出来的，但可以这么说，我是它一个具体的实践者。大历史试图解决什么问题呢？当然要理解当下，我们之所以发展到今天，它的内在根据是什么，我们今天碰到的很多困境有历史的原因。大历史思路是什么呢？我认为当下中国所面临的困境实际上是晚明以来的困局，也就是我们第二次遭遇外族入主中原，是第二次政治或者文化的创痛。在这样的背景之下，当年有许多卓越的思想家对中华民族的命运做出了思考，也对历史做出了思考。比如王夫之、黄宗羲、顾炎武，特别是顾炎武著有一本书，叫《郡县论》，他有一个基本论断引人注目，即“寓封建于郡县之中”。我把他的这一论断进行深刻思考之后转化成这样一个问式，也可以称之为“顾炎武难题”：中国作为一个广土众民的国家，应该怎么建立自己的宪制秩序？他的回答是：郡县制与封建制应该融合，转换成今天的语言，就是中央权威和地方活力要保持一定的张力。也就是说，中央要有权威，地方要有活力。但我们现实的情景是什么呢？或者说顾炎武所见到的情景是什么呢？他从晚明的灭亡所感受到的是整个制度的失败，也就是一个专制主义的中央集权制度的彻底溃败。我认为，在顾炎武的笔下，已经彻底终结了专制主义中央集权——它在中国是行不通的，它操控社会，让社会毫无活力，一旦国家发生大变局，整个国家土崩瓦解，地方组织亦如砂石一般，毫无力量。虽然像黄宗羲、王夫之这样的人，当年都是血性男儿，面对外族入侵，奋起抵抗，但在整个国家溃败的情况之下却毫无办法，只能无奈地看着它兵败如山倒。我非常推崇晚明这几位大思想家，我个人认为，晚明思想家所遗留下的问题还没有真正解决。所以包括我们在内的这一代人，也要继续思考“顾炎武难题”及其解决的可能性。如果从这个视角来看，以葛洪义教授为首的广东地方法制研究中心，内在的愿景到底是什么？成立之初可能是权宜之计，但更多的是试图把地方研究与我之所谓的一种“现代中国的新人文秩序”的建构结合起来。我认为，从晚明以来，中国的知识人，试图探讨一个现代的、超越于中央集权专制主义秩序的新的人文秩序，也就是顾炎武所说“将封建寓于郡县之中”。按照我们今天的话来说，一方面国家层面中央政府要有权威，另一方面社会要有活力，地方要有力量。从晚明的视角看，这样一个新秩序的建构，是现代中国宪制秩序之根本，也是我们当下面对的一个基本困境。所以我认为，我们的地方法制研究正是在中国现代国家大宪制建构背景之下来探讨问题的。这就是我讲的第三重语境。

但是怎么建设起一个现代中国的新的人文秩序呢？晚明以来至今，有无数的思想家进行了艰苦卓越的深入的思考与研究，这中间也经历了一个近300年的清代。对清代的研究，大家可以看看钱穆先生的《中国近三百年学术史》。他主要从晚明三大家一直讲到康有为，呈现出清代朴学对于古典文献的一个深入的研究。我个人判断，整个近300年的学术史——清代思想或者清学，实际上是整个宋明理学的结束，清学可以看成是理学的一个“余波”或者一个“灿烂的日落”。到了晚清之后，才是中国真正的法学的萌创诞生时期。也就是说，我们在座的这一代人实际上是在迎接一种中国新人文秩序，那么在知识论上，我们必然要创造一种新的知识类型，而这样的知识类型就是为了一个新的人文秩序的建构而应运而生的。

但是一种中国现代宪制新人文秩序及其法学知识类型绝不可能凭空出现，更不可能一蹴而就，需要我们进行艰辛的努力。因此问题就转换成，在一个新的人文秩序的建构过程中，或者一个新的“地方有活力、中央有权威”的背景下的宪制建构过程中，我们的学人应该做什么？其职责在哪里？从这个意义上讲，我觉得我们今天聚会在这里对地方法制的论辩可以宏观上看成是这一努力的一部分。根据今天的讨论，我可以简单地分成两个层面来进行梳理。第一个层面是事实的描述与思考。第二个层面是理论的诘难与建构。这实际上触及了人类生存的一个基本特征，即其二重性——事实与规范的冲突，也是现实世界与价值追求的相反相成。就第一个层面来看，今天以严老（严存生）为主的学人对“枫桥经验”的思考实际上是接续了晚明以来思想家们思考的路径，对枫桥法治的实践进行了深刻的解读，有利于我们把握地方及其法治的独特性、内生性；卢鹏研究员对地方高校良性秩序的思考，作为地方法制研究的范畴，其中也隐含了地方与中央权力的合理边界的探讨；还有对粤港澳大湾区法治一体化的探讨，我觉得这是从具体的一个地方进展到一个区域层面来思考地方法制的典范，因为我们可以在地方法制研究的区域互动中看到现代中国一个新的人文秩序建构中出现的生动图景。我觉得这是非常重要的。当然，粤港澳大湾区法治一体化还处在一个初步的阶段，可以预料，随着粤港澳大湾区法治一体化的展开，地方法制研究的区域层面将会获得更加丰富的意蕴。除了对象上的研究特色外，在所触及到的问题上面，也是很有意义的。比如孔繁华老师的《认真对待行政规范性文件的备案审查》与丁新正教授的《全面依法治国语境下优化地方法治环境研究》，以及黄镇博士对休闲时间的研究，这些研究从问题入手，以地方法治的视野加以探讨，也为我们展示了地方法制研究的丰富内容。但是今天，比事实的描述与思考更令我着迷的是理论的诘难与建构，因此我认为这次会议最大的亮点是年轻学人身上所表现出来的旺盛的理论洞察力，特别是李旭东博士、朱志昊博士和严文俊博士所显现出来的在理论上的建构令我深为叹服。朱志昊博士对地方法制范式的规范性困境的思考，李旭东博士对辅助性原则的建构，以及严文俊博士敏锐睿智且富于激情的论辩，让我看到了地方法制研究即将进入理论创新的阶段。理论创新是最令我期待的。很多人说我们要调查研究，要对事实进行所谓的“实证研究”。这当然是正确的，但我们不能无视理论建构的重要性。今天的科学哲学告诉我们，任何观察都是有理论渗透其中的。观察渗透理论，这成为了今天科学哲学里的一个基本共识。所以，刚才讲到的所谓的“主客观合一”，那是一种很传统的观念。理论是引领事实的，我们看待事实或我们的经验，没有理论的视角它怎能呈现出来呢？就像没有时空的观念，这个事件是不可能向我们呈现出来的。在理论方面的诘难与建构，我觉得是非常重要的。当年邓正来老师在《中国法学向何处去》中提到了知识的“三重性”。第一是描述经验现象，第二是控制生活世界，第三是正当性论证或话语权的力量。其中话语权或正当性论证是更加重要的，话语权的争夺成为了我们现代人文秩序建构之中的一个非常重要的理论场域。我们提出不同的理论，然后相互竞争。作为一个学者，更应该从逻辑、思辨、理论的角度来自洽地构建属于我们自己的理论系统，我认为这是我们作为学人真正的责任。我们既是生活的观察者，同时也是参与者，但我们学者更多是观察者、思想者以及理论的建构者。实际上我们学者更多的是观察、思考、反思、建构理论，所以我很认同钱穆先生的一个观点——“文人负言责”，政治家负的责任与我们是不一样的，学人负言责。今天有志昊、旭东、秋成这些优秀的学者在理论上的建构，如冯向辉教授所讲的，他们都具有非常高的“内功”，更要把这种内功充分地展示出来，在广东形成独特的学派。现代人文秩序的建构，一方面要对经验性的事件进行描述性的研究和思考，同时更应该在理论上面建立自洽的理论系统，来洞观新人文秩序深层的内在逻辑，我想这点是非常重要的。这是我讲的第二个话题。

最后第三个话题，我简单讲讲地方法制研究的“可能未来”。最近这段时间，我有一种非常虚无的感觉，特别是关于人类基因编辑技术违规出来之后，关乎人类的生存与毁灭的话题就开始蔓延开来了。我在加拿大有一个同学，当大家在朋友圈里提出一个悲观或者负能量的观点时，他总是说，人类用不了多久，大概三百年就消亡了。每次听到他这句话我总是忧郁很久：如果说人类三百年后就灭亡了，那么我们今天工作的意义又在哪里呢？我后来给他留言说，如果人类还有三天灭亡该多好啊，因为人类的灭亡我是看得见的，但是三百年还很久，我是看不到的，那么我还要努力才行。因此我想到人类的生存也有“三重性”，第一个是偶在性，第二个是缘在性，第三个是确定性。我认为我们人类的存在完全是一个偶然的事件，包括我们来到这个地方也是偶然的；但是人类又是一个不断发展的过程，我们既然已经存在了，就要追求一个发展，但发展也并不是凭空的，它在一个具体的历史时空里发展，这就是“缘在性”。“缘在”就是有缘聚在一起。我们的发展是在一个相互碰撞的过程中来展现人性的光辉。另外，我觉得有“缘在性”就应该还有一个“确定性”。我们应该创造什么？我们怎么成长？我们现在的人文秩序怎么来建立？这些也是非常重要的问题。前些天有一名学生来看我，就问了三个问题，这是人类的三个难题或者高更的三个难题：我是谁？我从哪里来？我到哪里去？在讨论的时候我谈到了一些新的认识，“我从哪里来”和“我到哪里去”其实并不重要，问题的关键在于“我是谁”，而“我是谁”又意味着什么呢？我领悟到，“我是谁”的问题，关键在于“我”的自我塑造，“我是谁”取决于我自己。我们生活在中国这样的国家，正如钱穆先生所讲，现代中国或者近代中国以来的最大难题不在于物质方面弱于西方，而在于我们没有领悟到怎么做一个真正的、有理想的中国人。也就是现代中国新人文秩序的建构，是我们所遇到的一个真正的大问题。这才是晚清人所体悟到的“三千年未有之大变局”的本质所在。船坚炮利这些问题都很容易解决，但是塑造理想的人格，我觉得挺难。所以我觉得“我是谁”的问题起源于我们自己的决断，“我是谁”取决于我想把自己塑造成什么样的人。所以，从这个意义上讲，我们可以回到王学堂主任所讲的“法律情怀和法治的获得感”上来，每次听到他的发言我就觉得特别受用，因为他给我带来人生的意义。我想只要我们一代又一代的人往前走，就如周大伟教授所讲的“法治这一块巨石，只要我们不断地往前推，就一定会被我们推到山顶上”。也就是说，一个新的现代中国的人文秩序，将中央的权威、地方的活力有机地整合起来。我想这就是我们地方法制研究之可能的未来，是以葛洪义教授为代表的华南理工大学学人的内在要义之所在，也是我们中国的未来之所在。谢谢大家！

（魏敦友，湖北大学哲学学院教授）